UNA VITA PIÙ FELICE

*Come coltivare la felicità e il benessere
in ogni fase della vita*

di Shar Khentrul Jamphel Lodrö

A cura di Dr. Adrian Heckel

Tradotto da Daniele De Val con l'aiuto di Jatun Risba e Stéphane Giardino

Dzokden

PRIMA EDIZIONE

ISBN: 979-8-9851574-0-6 (tascabile)

ISBN: 978-1-7373482-9-0 (e-book)

Pubblicato da:

DZOKDEN

Questo libro è stato tradotto dai volontari di Dzokden. Ringraziamo sentitamente Daniele De Val (traduttore), Jatun Risba e Stéphane Giardino per la preparazione di questa versione del libro per la pubblicazione.

Per ulteriori informazioni sulle attività in programma e sul materiale disponibile oppure se desiderate fare una donazione per sostenere il nostro progetto contattate:

Dzokden

3436 Divisadero Street

San Francisco, California 94123

Stati Uniti d'America

www.dzokden.org

DATI DI PUBBLICAZIONE DELLA BIBLIOTECA DEL CONGRESSO

Nome: Shar Khentrul Jamphel Lodrö, autore.

Identificativo: 2021921622

Contenuto

Ringraziamenti

Dedico le virtù di questo libro ai miei genitori che mi hanno messo al mondo e si sono presi cura di me - non potrò mai ripagare veramente la loro gentilezza. Sono così felice e grato di aver avuto l'opportunità di scrivere questo libro perché sono ancora abbastanza nuovo alla lingua e alla cultura inglese e la mia esperienza di vita in un paese occidentale è piuttosto limitata. Sono quindi estremamente grato a coloro che hanno contribuito e mi hanno aiutato nello sviluppo di questo libro, non solo nel dare un senso al mio inglese limitato, ma anche nel discutere e contribuire con molteplici idee. Vorrei ringraziare il dottor Adrian Hekel per il suo enorme supporto nella creazione di questo libro, che è andato ben oltre alla revisione del testo. Credo che l'intenzione e la motivazione di Adrian fossero genuine e incondizionate. Spero che leggendo questo libro apprezzerete gli sforzi di Adrian, poiché senza di lui questo libro non sarebbe stato completato. Vorrei anche esprimere la mia gratitudine a Julie O'Donnell, che mi ha aiutato a iniziare questo libro e ha fornito un inesauribile supporto, generosità, passione e dedizione. Ogni opportunità che ho avuto di lavorare a questo e ad altri progetti è grazie al gentile sostegno di Julie, quindi non potrò mai ringraziarla abbastanza e non dimenticherò mai tutto il suo aiuto. Vorrei anche ringraziare tutte le persone che hanno contribuito a questo libro, specialmente Stephanie Davis, Mark Cleary, Lisa Jobson, Dorothy Welton e Kristy Peters. Che possiate incontrare buona fortuna e proseguire il vostro sviluppo spirituale.

Khentrul Rinpoche
Melbourne, Australia
Luglio 2015

Prefazione dell'editore

Ho incontrato Khentrul Rinpoche per la prima volta sei anni fa. A quel tempo era appena immigrato in Australia, comprendeva solo frammenti di inglese e non conosceva quasi nessuno. Eppure, nei nostri goffi tentativi di comunicare, ho scoperto che aveva una storia da raccontare davvero notevole e che la sua formazione nel buddismo non era seconda a nessuno. Quando, diversi anni fa, accennò all'idea di scrivere un libro sulla felicità mi ci volle un po' per convincermi che avremmo potuto scrivere qualcosa di originale e pratico. Dopo un po' di tempo mi resi conto che, sebbene molte delle sue idee fossero piuttosto semplici, la profondità della saggezza dietro ad esse era molto grande.

Nello stesso periodo in cui lavoravo a questo manoscritto ho completato la mia formazione di medico e ho lavorato per un po' di tempo come medico di medicina generale. Questo lavoro è stato come una lente d'ingrandimento sul mondo interiore degli australiani nella vita quotidiana. È stata un'opportunità per testimoniare il dolore, la sofferenza e l'infelicità che la gente si trova ad affrontare ogni giorno, ma anche l'incredibile gioia e resilienza che alcuni possiedono di fronte alle circostanze più difficili. Oltre alla mia esperienza di vita, lavorare come medico mi ha convinto che la felicità non "capita" per caso e non è certo una cosa banale. È senza dubbio qualcosa su cui dovremmo riflettere profondamente. Dopo tutto, cos'altro conta davvero?

Inoltre, attraverso il mio lavoro di medico ho notato che molte persone sembravano ignorare la realtà della sofferenza, della morte e del morire. Spesso consideravano la spiritualità come una questione privata o non pensavano molto alle questioni più profonde, essendo così concentrati ad andare avanti con la loro vita. Perciò ho pensato che un libro come questo avrebbe potuto aiutare le persone a comprendere come la spiritualità sia incorporata nell'esperienza della vita quotidiana, non qualcosa di separato da essa; forse potrà anche servire da "ponte" per coloro che sono cresciuti nella cultura occidentale e sono interessati alla "vita spirituale".

Spero che, nella redazione di questo libro, il mio stile di scrittura e le aggiunte che ho fatto non abbiano banalizzato o offuscato la saggezza che Khentrul Rinpoche ha voluto trasmettere. Inoltre, per rendere il libro più accessibile, ho cercato di incrociare le sue idee con alcune delle ultime ricerche in psicologia (come specificato nella sezione delle note). Molto di questo materiale si basa sulla mia partecipazione alla conferenza internazionale "Happiness and Its Causes" (La felicità e le sue cause) a Sydney, così come sulla mia formazione in medicina e sulle conversazioni con diversi mentori con una grande esperienza in ambito terapeutico e nella psicologia. Spero che queste aggiunte non sminuiscano il messaggio essenziale del libro e accetto la responsabilità per qualsiasi errore o omissione.

Infine, desidero dedicare il mio contributo a questo libro ai miei genitori, che mi sono sempre stati accanto incondizionatamente. Inoltre, desidero sinceramente che la lettura di questo libro possa contribuire a fare una differenza nella qualità della vostra vita.

Adrian Hekel
Marzo 2010

Un'introduzione alla felicità

Potreste chiedervi perché uno come me dovrebbe essere interessato a scrivere un libro sulla felicità. Non sono mai andato a scuola, non ho una laurea e sono stato molto poco esposto alle informazioni e alla tecnologia del mondo moderno. Ho vissuto, invece, la maggior parte della mia vita come un semplice monaco, isolato dal resto del mondo nelle remote montagne del Tibet.

Tuttavia, quando rifletto sulla mia vita, mi rendo conto che ho vissuto una straordinaria varietà di esperienze che mi hanno effettivamente dato una buona comprensione di ciò che è veramente essenziale e importante nella vita. Tanto che ho voluto esplorare il tema della felicità e condividere con gli altri ciò che ho imparato. Il mio desiderio più sentito era quello di scrivere un libro sulla felicità che esplorasse ogni aspetto e ogni passo della vita, in un modo che fosse unico e utile per tutti, giovani o vecchi, religiosi o non religiosi, ricchi o poveri. Volevo scriverlo in modo tale che, leggendolo attentamente, riflettendo sul suo contenuto e mettendo in pratica certi esercizi, si potesse effettivamente cambiare il proprio livello di felicità.

Quando guardo indietro alla mia vita e rifletto sulle relazioni che ho avuto, le decisioni che ho preso e le lezioni che ho imparato, posso solo pensare a quanto sarebbe stato utile avere una guida o un manuale su come condurre una vita felice e soddisfacente. Mi sarei sentito così fortunato ad avere l'opportunità di leggere un libro come questo. Ecco perché ho deciso di scrivere questo libro, pensando che ora sono in grado di condividere alcune delle mie intuizioni su come affrontare le sfide che tutti noi affrontiamo nelle diverse fasi della vita e su cosa sia davvero la felicità autentica.

Quasi tutti danno per scontato che non si possa trovare la felicità quando ci si trova ad affrontare difficoltà e situazioni avverse. Invece, col tempo, ho imparato progressivamente che questo è effettivamente possibile, dato che ho attraversato molti momenti difficili senza arrivare mai, nemmeno da piccolo, ad essere veramente infelice - infatti sono probabilmente più felice di molte persone che hanno una vita facile. Da bambino non appartenevo ad una classe sociale elevata e ho, invece, vissuto una vita dura, pascolando yak sulle montagne con temperature fino a meno trenta gradi. Quando ero un adolescente ho trovato un'intensa felicità nell'amore romantico, che sentivo sarebbe durato per sempre, ma dopo la morte di mio padre ho preso la difficile decisione di sacrificare tutto questo, perché sentivo una chiamata genuina a onorare la volontà dei miei genitori e diventare un monaco.

Dato che ho iniziato la vita monastica in un'età relativamente tarda, ho trovato difficoltà nell'essere accettato e nell'adattarmi a questo stile di vita completamente nuovo. Ero in competizione con monaci che erano stati addestrati a tutto ciò fin dall'infanzia, mentre io ero solo un umile pastore di yak. In seguito ho trovato abbastanza difficile l'adattamento alla cultura e allo stile di vita in Australia, dove non conoscevo assolutamente nessuno e sapevo parlare solo poche parole di inglese.

I miei molti anni di autentica formazione buddista, così come le mie ricche e diverse esperienze di vita nel mondo moderno occidentale, mi hanno aperto gli occhi sul fatto che la felicità non dipende dalle condizioni che la gente solitamente associa ad essa. Ho avuto la fortuna di acquisire una comprensione più profonda della felicità, capendo che può essere raggiunta in mezzo alle difficoltà e alla sfortuna piuttosto che dipendere da una vita comoda. Quando rifletto sulle mie esperienze, ora mi rendo conto che sono stati i momenti difficili ad insegnarmi ad essere felice, dandomi forza interiore e un rinnovato apprezzamento di molte cose.

Quando arrivai in Occidente, con la sua cultura, il suo stile di vita e il suo modo di pensare totalmente diversi, con mia sorpresa tutta la comprensione che avevo acquisito sulla felicità si rinforzò. Piuttosto che cambiare la mia prospettiva, i punti di vista che avevo si sono arricchiti e sono diventati più profondi. Questo è avvenuto dopo aver incontrato e parlato con molte persone occidentali in questi ultimi anni, oltre ad aver potuto osservare da vicino la vita in Occidente e imparare un po' i concetti della psicologia, della filosofia e della scienza occidentale. Ho cercato di incorporare queste intuizioni nel testo con la speranza di rendere più accessibile la profonda saggezza della tradizione buddista tibetana (i riferimenti per ogni capitolo sono presentati alla fine di questo libro).

Spero che questo libro sia come uno specchio attraverso il quale possiate vedere tutta la vostra vita: il passato, il presente e il futuro. Anche se siete giovani, potreste trovare utili i capitoli per le persone anziane. In alternativa, potreste essere piuttosto vecchi ma identificarvi maggiormente con i capitoli iniziali rivolti agli adolescenti e ai giovani adulti. In questo libro condivido anche il mio percorso nell'ambito della tradizione buddista. Spero che alcuni di voi lo trovino utile, soprattutto se siete curiosi dell'idea di una "vita spirituale", che è spesso fraintesa dalle persone nel mondo moderno. Prego che questo libro vi possa essere d'aiuto nel pianificare e vivere una vita felice e significativa, qualunque religione o credo seguiate.

COS'È LA FELICITÀ?

Che cos'è la felicità? Si tratta solo di sentirsi bene o eccitati, di avere una vita confortevole e che i nostri desideri siano soddisfatti? Credo che queste possano essere tutte caratteristiche della felicità, ma in realtà si tratta di molto più di questo. Quando usiamo la parola felicità, spesso non ci rendiamo conto che è un argomento vasto e profondo. Questa sola parola non può descrivere adeguatamente i livelli illimitati di felicità.

Superficialmente la felicità può includere il comfort fisico, l'eccitazione mentale e le sensazioni momentanee di piacere, così come i sentimenti di amore e approvazione. Ad un livello un po' più profondo, può comprendere anche l'essere completamente coinvolti in una particolare attività e il processo di sforzarsi di raggiungere un particolare obiettivo. Uno stato d'animo felice non si consegue necessariamente con il raggiungimento degli obiettivi, ma insorge piuttosto quando ci si muove con entusiasmo verso di essi. In ognuno di questi livelli, e anche all'interno di ogni livello, si sentono diversi gradi di soddisfazione o appagamento.

Da una prospettiva ancora più profonda, un certo grado di felicità dipende dalla comprensione che il fallimento e la perdita sono una parte naturale della vita. Grazie a questa comprensione, possiamo usare tutte le circostanze come un terreno di apprendimento per scoprire una felicità che viene da dentro, nonostante tutti gli alti e bassi della vita. Questo porta a un senso di serenità e pace interiore, con una maggiore capacità di controllare le nostre emozioni. Molte filosofie, spirituali e non, riconoscono che:

1. Ci sono molti livelli di felicità.
2. La felicità può esistere in qualsiasi situazione.

Spesso vediamo solo uno di questi livelli. Se riconosciamo e apprezziamo veramente le sue svariate dimensioni, la porta si aprirà alla comprensione e alla realizzazione dei livelli più profondi della felicità. Questa comprensione porta ad un potenziale illimitato di felicità che è molto più grande di quello di cui possiamo essere mai stati consapevoli.

Cosa significa "accettare" l'oscurità nella nostra vita? Generalmente cadiamo in due estremi: da un lato, ignoriamo la sofferenza, che fa parte della vita, oppure, dall'altro, possiamo fissarci completamente su questa sofferenza. Nel primo caso siamo protetti dalla realtà della vita e veniamo colti di sorpresa quando accade qualcosa di inaspettato, come la perdita del lavoro o la morte di una persona cara. Nel secondo caso ci fissiamo su questo lato oscuro, cadendo nella depressione, nella negatività o nell'accettazione rassegnata e non riusciamo ad apprezzare le molte benedizioni che la vita porta.

Per fortuna c'è una via di mezzo, una prospettiva dalla quale possiamo essere consapevoli nello stesso tempo sia della sofferenza che delle benedizioni. Potremmo perdere tutte le nostre ricchezze o persino un amico intimo, ma apprezzeremo comunque ciò che abbiamo, come la salute e una buona mente, e che siamo fortunati a vivere una vita che ci offre così tante cose. La felicità e la contentezza possono, quindi, sorgere solamente quando apprezziamo sinceramente il lato positivo della vita e allo stesso tempo comprendiamo che il lato oscuro è naturale e, quindi, non siamo sopraffatti da eventi sfortunati. Possiamo apprezzare veramente la vita solo se siamo consapevoli della sua duplice natura di appagamento e sofferenza.

Comprendere il lato oscuro della nostra vita aumenta la nostra compassione, poiché ci rendiamo conto che tutti gli esseri affrontano le nostre stesse difficoltà. Questo ci permetterà così di generare un profondo desiderio di essere gentili e di sviluppare amore e compassione imparziali e incondizionati, riducendo la tendenza a pensare solo al nostro interesse personale. Tutto ciò ci porterà ad un livello ancora più profondo di felicità, spronandoci a dedicare la nostra vita a qualcosa di più grande di noi stessi.

Infine, il livello più profondo della felicità è la scoperta dell'innata "natura altruistica" che si trova al centro del nostro essere. Questa è una fonte costante di gioia e amore imparziale, totalmente indipendente dalle circostanze esterne. Nella tradizione buddista la chiamiamo la nostra "natura illuminata", che possiamo svelare eliminando ogni traccia di interesse personale. Allora scopriremo il nostro vero potenziale per essere pienamente felici, ottenere il completo controllo delle nostre emozioni e portare naturalmente beneficio agli altri.

Anche la psicologia moderna parla di diversi livelli di felicità. Secondo Martin Seligman, riconosciuto a volte come il padre della psicologia positiva, ci sono tre livelli fondamentali. In primo luogo, c'è la sensazione di piacere momentaneo a cui tutti aspiriamo, poi c'è la gioia che deriva dall'essere assorbiti da un particolare compito o dal processo di raggiungimento di un particolare obiettivo e, infine, c'è il profondo senso di scopo e realizzazione che deriva dal sapere che la vita è profonda e significativa, che può essere aumentato sviluppando qualità virtuose fondamentali.

Anche se ognuno di noi ha idee diverse su cosa significhi la felicità, questi diversi livelli si applicano a tutti noi, indipendentemente da chi siamo. Capire la felicità in questa maniera può darci una cognizione molto più ricca del suo potenziale e potere ultimo. In questo libro parlerò di come trovare queste diverse dimensioni di felicità. La mia speranza è che ognuno di voi possa sviluppare una connessione con questo e possa essere in grado di applicarlo in un modo che si adatti al vostro tipo di personalità e al vostro attuale livello di comprensione. Tuttavia, enfatizzerò la coltivazione dei livelli più profondi di felicità, dove si può trovare la vera realizzazione, basata sulla compassione e sull'altruismo. Se riusciremo a trovare questo dentro di noi, avremo scoperto una profondità del nostro essere che è fonte costante di gioia, pace, soddisfazione e coraggio, indipendentemente dagli alti e bassi della vita.

È POSSIBILE RAGGIUNGERE LA FELICITÀ?

Ogni essere vivente ha un innato desiderio di raggiungere un certo grado di felicità, indipendentemente dalla sua età e posizione sociale.

Alcune persone possono essere disilluse e scegliere mezzi poco saggi per raggiungere la felicità. Per esempio, alcune persone possono ferire fisicamente o emotivamente qualcuno pensando, nella loro ignoranza, che questo porterà loro soddisfazione e felicità. Indipendentemente dal modo in cui le persone pensano di raggiungere questo obiettivo, è importante rendersi conto che la ricerca della felicità e dell'appagamento sono effettivamente le forze motrici ultime di tutto ciò che facciamo. Questo è un fatto naturale e non ha senso indagare sul perché abbiamo questo desiderio. Sarebbe come cercare di analizzare perché il fuoco è caldo o l'acqua è liquida e, quindi, non avrebbe senso farlo.

Tuttavia, ciò che è assolutamente necessario, è esaminare se la felicità sia raggiungibile o meno. Abbiamo tutti un potenziale innato di felicità? Questo potenziale dipende da cause e condizioni? E, in caso positivo, quali sono queste cause e condizioni? Oppure si tratta di "destino", qualcosa che "accade da sé"?

Per rispondere alla prima domanda, sì, abbiamo tutti il potenziale innato di raggiungere la felicità. Ogni sistema di credenze nel mondo, sia teistico che non teistico, ci dirà che la felicità non è soltanto casuale o un prodotto della buona o cattiva sorte. Inoltre, l'idea che ognuno di noi abbia un potenziale stabilito di felicità, che non può essere cambiato più di tanto, viene messa in discussione. Sia l'esperienza delle culture spirituali tradizionali, sia la moderna ricerca scientifica stanno dimostrando che, se coltiviamo la felicità con diligenza e abilità, possiamo sicuramente

Nel mondo di oggi e nel corso della storia umana, possiamo vedere la prova effettiva che numerose persone hanno raggiunto un elevato livello di felicità. Ciò è stato spesso il risultato di un grande impegno o di un duro lavoro. Lo sappiamo dalle loro o altrui testimonianze e lo vediamo nelle loro azioni. C'è un numero selezionato di persone che potremmo chiamare "illuminate". Senza eccezione, esse mettono in evidenza lo stesso potenziale innato di illuminazione che risiede in tutti noi.

La seconda domanda che ci siamo posti era: la felicità dipende da cause e condizioni o è solo frutto della casualità o del "destino"? Sì, la felicità è completamente dipendente da cause e condizioni. Se guardiamo la storia della civiltà umana e se indaghiamo a fondo la nostra stessa esperienza, scopriremo che non c'è nulla che si verifichi indipendentemente da cause e condizioni. Alla stessa stregua, è impossibile che la felicità sorga casualmente.

A livello visibile siamo tutti d'accordo che nulla si verifica senza delle cause specifiche. In maniera simile, il modo in cui percepiamo le cose, compresi tutti i pensieri e le emozioni che passano nella nostra mente, dipende anche da cause e condizioni particolari. Ecco perché possiamo dire che anche per la felicità sia lo stesso.

LE GIUSTE CAUSE E CONDIZIONI

Se la felicità è sicuramente raggiungibile, dobbiamo chiederci quali sono le cause e le condizioni che la producono. Questa è di gran lunga la domanda più importante ed è anche quella che richiede la risposta più ampia. Ora ne parlerò succintamente e poi affronterò di nuovo questo tema nei capitoli successivi.

In primo luogo, dovremmo chiederci se la maggioranza degli esseri umani è veramente felice. Se riflettiamo onestamente, la risposta è sicuramente 'no'. Anche se possiamo sembrare felici, spesso ci pervade un senso profondo di insoddisfazione oppure una sensazione di "qualcosa che manca", o ci capita di turbarci facilmente quando succede qualcosa di inaspettato.

La maggior parte delle persone pensa che "se solo avessero quella somma di denaro", o "se solo fossero sani o belli", o "se solo quella relazione funzionasse", allora sarebbero felici. Questo modo di pensare ci porta a limitare la felicità al benessere fisico, all'eccitazione mentale, alle sensazioni momentanee di piacere o all'essere accettati e amati. Possiamo anche non accorgerci che potremmo passare una vita intera a perseguire senza sosta cose come la ricchezza e la posizione sociale.

Sfortunatamente, pensando in questo modo, confondiamo le condizioni che portano benessere o piacere momentaneo con la felicità stessa. Possiamo essere così concentrati su queste condizioni secondarie da rimanere intrappolati in una visione ristretta, ignari delle condizioni primarie. È importante distinguere tra:

- Condizioni primarie: il vostro atteggiamento.
- Condizioni secondarie: soldi, relazioni, salute, bellezza.

Per esempio, potremmo non apprezzare la felicità autentica che si prova quando si è completamente impegnati e immersi in un'attività che troviamo significativa. Potremmo trascurare la felicità e l'appagamento che derivano dalla gratitudine e dal godimento delle cose semplici.

Ad un livello più profondo, la felicità dipende da quanto profondamente comprendiamo la vita e tutte le circostanze che affrontiamo. Una visione saggia ci permette di capire che non possiamo aspettarci che la vita sia facile o di successo, o che otterremo necessariamente qualcosa lavorando duramente. Crediamo che possiamo impegnarci duramente e raggiungere ciò che ci siamo prefissati di fare, qualunque sia la nostra definizione di successo, ma generalmente non ammettiamo che tutto possa non andare secondo i nostri piani. Tuttavia, anche se falliamo, è comunque importante impegnarsi e ci potrà essere un sostanziale beneficio di fondo che deriverà dai nostri sforzi. Se saremo in grado di riflettere attentamente, potremo essere molto meglio preparati ad accettare il peggio, qualsiasi disgrazia o dolore ci colpisca.

Inoltre, possiamo essere consapevoli che il vero obiettivo di questa vita dovrebbe essere quello di concentrarsi sullo sviluppo di una compassione imparziale, aiutando gli altri e imparando ad accettarci per quello che siamo veramente, piuttosto che aggrapparci a un'immagine di noi stessi di cui cerchiamo di essere all'altezza.

Ciò porta naturalmente a uno stato d'animo in cui non siamo più insoddisfatti e la nostra ossessione di sé si riduce notevolmente. Egocentrismo non significa essere una persona particolarmente egoista. Significa piuttosto non considerare gli altri importanti quanto noi stessi, oppure mettere noi stessi prima degli altri. Mettere noi stessi al primo posto è un'abitudine normale, profondamente radicata, e considerare gli altri uguali a noi stessi di solito richiede una pratica costante.

Infine, la più potente e vera causa di felicità è la capacità di sviluppare una genuina gentilezza amorevole e una compassione imparziale. Un tale stato d'animo è il vero fondamento della felicità per tutti, indipendentemente dalle circostanze. Scopriremo che concentrarsi sulla felicità degli altri ci renderà naturalmente felici, mentre preoccuparsi solo della propria felicità può portare alla delusione e al fallimento nel raggiungere ciò che ci aspettiamo. Se conseguirete il livello più profondo di amore e compassione, allora ovunque andrete vi sentirete a casa. Sarete in grado di mantenere un profondo livello di compassione e tolleranza per tutti coloro che incontrerete, indipendentemente dal loro atteggiamento e dalle loro azioni, sentendovi completamente a vostro agio e rilassati.

Di solito, anche se abbiamo un qualche grado di gentilezza e compassione, queste sono ancora limitate o parziali, essendo associate ad un certo livello di attaccamento, egoismo o ossessione di sé. Se, invece, sviluppiamo amore e compassione in modo incondizionato, la nostra felicità potrà diventare così potente e sicura che sentimenti come tristezza, depressione, solitudine e persino stress avranno molte meno possibilità di sorgere. In definitiva la base di questo tipo di compassione incondizionata è la nostra natura illuminata, mossa da un innato "altruismo". E la compassione, anche se ancora limitata, ci avvicina a questa natura.

L'IMPORTANZA DELLA MENTE

Niente è buono o cattivo se non è tale nel nostro pensiero.
— William Shakespeare —

∿

Così come pensiamo che la nostra felicità dipenda dalle circostanze esterne, possiamo anche cadere nella trappola di credere che l'infelicità sia determinata da condizioni esterne. Potremmo dare la colpa della nostra infelicità alla mancanza di soldi, o potremmo avere abbastanza soldi ma lavorare troppo e non avere il tempo per una vacanza. Possiamo incolpare il nostro capo che non ci rispetta, o il nostro partner che non ci ama abbastanza. Tuttavia, non sono gli eventi esterni a causare la nostra infelicità, è la nostra mente.

Quando ho iniziato a scrivere questo libro mi ero appena trasferito in una nuova casa. Sentivamo di aver pagato più di quanto avremmo dovuto e, pochi giorni dopo, il sistema dell'acqua calda si guastò, il che significava che dovevamo sopravvivere con docce fredde in pieno inverno. Era facile essere infastiditi e dispiaciuti per quello che ci era successo. Riflettendo sulle nostre circostanze, però, siamo stati in grado di vedere la situazione da una prospettiva diversa. Ci siamo resi conto che eravamo davvero molto fortunati a possedere una casa nostra e ad avere acqua corrente, perché molte persone nel mondo non hanno nemmeno acqua pulita da bere. Osservando il nostro problema da questa nuova prospettiva e guardando ciò che avevamo piuttosto che ciò che non avevamo, siamo stati in grado di vedere quanto quello che ci era accaduto fosse una sfortuna minore.

Questo esempio è davvero molto banale rispetto a molti degli ostacoli che dobbiamo affrontare. Per fare un altro esempio, recentemente la persona a cui ho voluto più bene, la mia cara madre, è morta. Oltre a questo, diverse persone verso cui ero stato molto gentile e di cui mi fidavo profondamente hanno cercato di farmi del male, nonostante le mie migliori intenzioni di aiutarle. All'inizio ero estremamente scioccato. Mi sentivo come se tutto il mio mondo fosse stato messo sottosopra. Mi sembrava come se avessi perso tutto e che il lavoro di tutta la mia vita non valesse nulla. Tuttavia, quando ho considerato tutte le cose peggiori che sarebbero potute accadere, ho capito che la mia situazione non era poi così male. Avevo ancora la mia salute e la mia integrità, mi sentivo ancora al sicuro e avevo ancora intorno a me persone che mi volevano bene e che si sarebbero prese cura di me.

Quando rifletto su alcune delle mie altre esperienze mi rendo conto che la sfortuna spesso porta opportunità inaspettate. Se permettiamo a noi stessi di vedere le situazioni sotto questo tipo di luce positiva, possiamo trarre grande beneficio praticando la gratitudine. Questa particolare situazione, per esempio, mi ha insegnato alcune lezioni significative su me stesso che potrò applicare in futuro. Ha anche rafforzato alcune delle mie relazioni con le persone a me vicine.

Se impariamo a vedere le cose da un'altra angolazione, possiamo apprezzare tutto ciò che abbiamo, come l'acqua corrente, e capire che non avere l'acqua calda per un breve periodo non è davvero un grosso problema. Possiamo anche imparare a comprendere e accettare che la sfortuna è una parte naturale e inevitabile della vita di tutti noi. All'inizio qualcosa può sembrare una sfortuna, ma in realtà può insegnarci delle lezioni preziose. In questo modo un amico che ci si rivolta contro, la morte di una persona cara o la perdita di qualcosa per cui abbiamo lavorato duramente non ci renderà necessariamente infelici. Anche se potremmo provare un'intensa tristezza, se riusciremo ad imparare ad accettare le situazioni difficili mantenendo una visione ferma ed equilibrata, allora sperimenteremo molta meno infelicità.

Come spiega Sua Santità il Dalai Lama, fondamentalmente le vere cause della felicità si trovano nella nostra mente:

Certo, le circostanze esterne possono contribuire alla felicità e al benessere di una persona ma, alla fine, la felicità e la sofferenza dipendono dalla mente e dalle sue percezioni.

COMPRENDERE LA SOFFERENZA E LE SUE CAUSE

Le grandi filosofie di quasi tutte le culture ci portano ad un'idea comune: quando osserviamo onestamente la nostra situazione dobbiamo giungere alla conclusione che la felicità non è uno stato innato o naturale della vita - quindi è altrettanto importante accettare il "buio" quanto apprezzare la "luce" della vita. Purtroppo, è molto facile per noi pensare di avere il "diritto" di raggiungere la vera felicità e, quindi, ci aspettiamo di riuscire a trovarla. Questa prospettiva, tuttavia, porterà sempre alla delusione.

Il primo passo per raggiungere la felicità è sapere che la sofferenza è una parte ineluttabile della vita. Guardatevi intorno e pensate a tutte le persone che vi sono care. Ogni secondo, dal momento in cui nascono, invecchiano e si avvicinano alla morte. Non sappiamo chi avrà una vita lunga e chi una breve. Questo riguarda anche voi. La malattia e la morte possono arrivare in qualsiasi momento, senza preavviso, e, anche con le migliori cure mediche del mondo, non c'è niente che possiamo fare a riguardo. Quasi tutte le nostre esperienze contengono qualche elemento di sofferenza; per esempio non ottenere ciò che vogliamo, ottenere ciò che non vogliamo, separarci dalle persone che amiamo oppure amare qualcuno a cui non importa molto di noi. Possiamo anche avere soltanto un senso generale di insoddisfazione che non riusciamo a definire, che ci porta a mettere in discussione tutte le convenzioni di coloro che ci circondano. Anche le buone circostanze sono destinate a cambiare, non importa in quale fase della vita ci troviamo.

Possiamo capire che la sofferenza è inevitabile quando ammettiamo che, anche se ci sforziamo duramente dalla nascita alla morte, non siamo mai in grado di trovare una felicità duratura. Se la vita non contenesse questa sofferenza intrinseca, ma fosse invece "neutra", allora la maggior parte delle persone troverebbe una felicità genuina, poiché tutti perseguono la felicità dalla nascita alla morte. Tuttavia non è questo il caso ed è raro trovare qualcuno che abbia effettivamente raggiunto una felicità autentica. Pertanto, se troviamo un qualche tipo di felicità, invece di darla per scontata, dovremmo imparare ad apprezzarla veramente e persino stupirci. Dovremmo renderci conto che trovare la felicità in una vita pervasa di sofferenza è come trovare una cascata in mezzo al deserto!

Tuttavia non sto dicendo che, siccome la sofferenza è una parte inevitabile della vita, dobbiamo limitarci ad accettarla come nostro destino poiché non c'è modo di superarla. Quando siamo malati consultiamo un medico che ci dice perché siamo malati e ci dà una medicina che speriamo ci possa aiutare. Allo stesso modo, se riconosciamo la sofferenza per quello che è, possiamo analizzare con profondità le cause e le condizioni che portano alla sofferenza e alla felicità. Spesso siamo talmente fissati sulla felicità o sulla sofferenza che sviluppiamo la convinzione che tali condizioni siano dovute alla fortuna o alla sfortuna. Raramente cerchiamo di identificare la vera causa con lo scopo di cambiarla. Pertanto, la cosa più saggia da fare è guardare alla radice, alla fonte del problema, come un medico che identifica la causa di una malattia.

Tutto ciò porta alla domanda su quale sia la causa fondamentale di tutta la nostra sofferenza e insoddisfazione. Poiché la felicità e la sofferenza non sono direttamente causate da eventi esterni, come spesso pensiamo, bensì da come la mente reagisce agli eventi esterni, potremmo dire che la fonte della nostra sofferenza è un pensare rigido o poco saggio. Ogni volta che non riusciamo ad accettare ciò che accade intorno a noi, ci chiudiamo in una gabbia di pensieri ed emozioni negative come rabbia, avidità, orgoglio, gelosia o paura. Tali emozioni prendono il sopravvento su di noi, rafforzando i nostri pensieri negativi. Questo ciclo continuerà finché non saremo finalmente in grado di abbandonare queste emozioni negative e sostituirle con modi di pensare e di sentire più sani e positivi.

Detto in un altro modo, la sofferenza e l'insoddisfazione dipendono da quanto ostinatamente la mente si aggrappa alle sue aspettative che la vita si svolgerà in un determinato modo. Poiché tendiamo a dare tanta importanza agli eventi esterni, ci attacchiamo ad essi o cerchiamo di evitarli e tale atteggiamento è ciò che limita il nostro livello di felicità.

Sapendo ciò, è allora possibile raggiungere una felicità duratura? La risposta è decisamente "sì", perché la felicità dipende da cause e condizioni, come ho già detto. In particolare dipende dalla coltivazione di una mente saggia, flessibile e non appesantita da aspettative, assieme a pensieri e azioni sane come l'amore imparziale e la compassione. Questa vera compassione progredisce naturalmente una volta che sviluppiamo qualità come la condotta etica, la diligenza e la saggezza.

Poiché la felicità e la sofferenza dipendono entrambe da cause specifiche, se abbandoniamo le cause della sofferenza e abbracciamo le cause della felicità, possiamo essere completamente sicuri che diventeremo più felici e, alla fine, raggiungeremo uno stato indistruttibile di felicità duratura. Diventeremo quindi come un oceano profondo che rimane calmo nella parte sottostante, non importa quanto siano agitate le onde in superficie. Sebbene non sia un'impresa facile, quando sradicheremo completamente le cause della sofferenza, l'infelicità non sarà più possibile! Lo scopo di questo libro è imparare come possiamo superare le cause della sofferenza coltivando azioni virtuose per raggiungere questo stato di felicità ultima. Il percorso per raggiungere questo fine viene esplorato nel corso di ogni capitolo.

SAGGEZZA ANTICA, MONDO MODERNO

Possiamo approfondire ulteriormente la nostra comprensione delle vere cause della felicità guardando alcune intuizioni contenute nella filosofia occidentale e orientale e anche analizzando le scoperte della psicologia moderna e delle neuroscienze.

Ciò che ho discusso finora è influenzato significativamente dalla mia prospettiva di monaco buddista, tuttavia anche molti dei grandi filosofi occidentali ci dicono che, per trovare qualsiasi tipo di felicità, dobbiamo accettare la realtà della sofferenza e renderci conto che la saggezza potrebbe aiutarci a superarla. Seneca, precettore del decadente imperatore romano Nerone, vide in prima persona le conseguenze della rabbia e dell'orgoglio. Sulla base della sua esperienza, parlò del pericolo di avere aspettative irrealistiche, che ci fanno pensare che molte cose siano ingiuste o deludenti e, pertanto, ci portano alla frustrazione e alla sofferenza.

Socrate, il quale sosteneva che "una vita senza ricerca non è degna di essere vissuta", sottolineava l'importanza di usare il ragionamento logico per mettere in discussione i presupposti che spesso abbiamo, come "essere ricchi ci renderà felici". Epicuro, invece, suggerì che le cause di una vita felice derivassero dalla compagnia, dalla semplicità e dal vivere una vita ben ponderata; un'eccessiva concentrazione sulla ricerca del piacere avrebbe sempre portato all'insoddisfazione.

La psicologia moderna è d'accordo con questi principi generali. Molte individui nelle nostre comunità soffrono di depressione. Un metodo per trattare la depressione è la terapia cognitivo-comportamentale, che cerca di aiutare le persone a prendere coscienza dei loro pensieri e percezioni negative per poi sostituirli con pensieri più razionali, che riflettono più da vicino la realtà di una situazione. Per esempio, possiamo pensare di essere senza valore se commettiamo un errore e questo presupposto ci fa dimenticare che nessuno è perfetto e che il nostro senso di valore, in realtà, viene da dentro di noi. Questo tipo di terapia può aiutare alcune persone con la depressione con la stessa efficacia dei farmaci e può essere usato per superare una serie di abitudini di pensiero dannose che nascono da emozioni distruttive come la rabbia, il senso di colpa e l'ansia. Permette ai pazienti di riconoscere le loro abitudini di pensiero negative e la disciplina di un regolare addestramento mentale può aiutarli a superare i pensieri negativi e vedere più chiaramente la realtà della loro situazione.

Anche se la psicologia moderna si è concentrata principalmente sulla comprensione e sul trattamento delle malattie mentali, negli ultimi anni ci sono state anche molte ricerche sui fattori che ci fanno stare bene e raggiungere un livello molto più elevato di felicità. Questo campo della "psicologia positiva", che si concentra su come coltivare stati mentali positivi, ha rivelato che ci sono tre componenti cruciali per la felicità: il piacere, impegnarsi in un obiettivo e trovare un significato o un fine superiore nella vita. Di queste tre componenti, la ricerca ha dimostrato che il piacere è di gran lunga la causa meno importante per una vita felice e soddisfacente. Ci sono alcune abilità che possiamo mettere in pratica per aumentare il nostro senso di impegno e di significato, come tenere un "diario della gratitudine" o agire generosamente verso gli altri.

Tra i numerosi studi psicologici che si occupano della questione della felicità, vorrei citarne uno particolarmente interessante (realizzato da Philip Brickman nel 1978). Molte persone sognano di vincere la lotteria e pensano che, se vincessero tutti quei soldi, sarebbero felici! Tuttavia, gli psicologi che hanno studiato i vincitori della lotteria hanno scoperto che, generalmente, un anno dopo la vincita non erano più felici rispetto a prima. Sono state intervistate anche persone che erano diventate paraplegiche a causa di qualche tipo di incidente. Sono d'accordo senza dubbio che nel dire che questo è una disgrazia terribile e, infatti, la maggior parte dei paraplegici ha ammesso che nel primo mese dopo il loro incidente avevano pensato almeno una volta di uccidersi. Tuttavia, un anno dopo il loro incidente, molti di loro erano felici tanto quanto lo erano stati prima di diventare paraplegici; in realtà la maggior parte di loro era felice tanto quanto i vincitori della lotteria un anno dopo la vincita del premio. Questo studio dimostra chiaramente che né la felicità né l'infelicità dipendono da condizioni esterne. La felicità viene da dentro di noi e dipende da come percepiamo la nostra situazione.

Gli scienziati credono che il raggiungimento di una felicità duratura sia possibile per tutti? I neuroscienziati hanno scoperto che il cervello ha un'incredibile capacità di cambiare quando ci alleniamo a pensare in una maniera specifica: ciò è noto come neuroplasticità. Gli esperimenti hanno dimostrato che, se una persona presta molta attenzione a ciò che viene visto o fatto, le aree del cervello che ricevono segnali visivi o registrano il movimento diventano più grandi. Per esempio, se passiamo molti anni a suonare il violino, l'area del cervello che controlla i movimenti delle dita si ingrandirà. Allo stesso modo, se passiamo una grande quantità di tempo concentrandoci sull'amore e sulla compassione, molte aree del cervello, specialmente nella corteccia prefrontale sinistra, si modificheranno. La maggior parte degli scienziati credeva che ognuno avesse un "punto stabilito di felicità", un certo livello di felicità che non si poteva cambiare una volta diventati adulti. Ora, grazie a molte nuove ricerche, gli scienziati stanno scoprendo che il cervello può essere trasformato a qualsiasi età.

Pertanto dovremmo essere sempre in grado di esercitarci per aumentare il nostro livello di felicità, non importa quanti anni abbiamo, purché conosciamo le condizioni necessarie per una vita felice.

CAPITOLO DUE

Esplorare le condizioni della felicità

Tutti noi abbiamo un potenziale innato di felicità, ma dobbiamo essere consapevoli delle specifiche condizioni che porteranno alla scoperta di questo potenziale. Abbiamo detto che la felicità dipende dalla mente piuttosto che da eventi esterni e, inoltre, dipende anche da varie cause e condizioni connesse al modo in cui pensiamo e agiamo. Ora esamineremo attentamente quali sono le condizioni fondamentali per la felicità, che si applicano indipendentemente dallo stile di vita di una persona o dallo stadio della vita in cui ci si trova. Per cominciare esploreremo il tema dei bisogni umani fondamentali.

I BISOGNI UMANI FONDAMENTALI

Prima di tutto, dobbiamo riconoscere che ci sono alcuni bisogni umani fondamentali che, per la maggior parte di noi, devono essere soddisfatti prima di poter essere in grado di contemplare le dimensioni superiori della felicità. Alcuni individui molto sviluppati possono raggiungere la felicità indipendentemente dalle condizioni esterne, come alcuni yogi, lama o eremiti che vivono sull'Himalaya. Essi raggiungono la felicità nonostante delle risorse alimentari spesso misere, un riparo molto rudimentale e la mancanza di contatto umano, che dura a volte per molti anni. Questo è possibile solo attraverso anni di diligente pratica spirituale. La maggior parte di noi, tuttavia, ha bisogno di soddisfare i seguenti bisogni:

1. **Bisogni di sopravvivenza**: questa categoria include il cibo, l'acqua e un riparo. Senza questi elementi la maggior parte delle persone trova impossibile concentrare la propria mente su obiettivi più elevati.

2. **Sicurezza**: nonostante il fatto che non ci siano garanzie di una completa sicurezza in nessuna parte del mondo in cui ci troviamo, dobbiamo comunque avere un riparo elementare dalle forze naturali - protezione da incendi e tempeste, per esempio - così come la sicurezza dall'essere attaccati o uccisi da altri esseri.

3. **Contatto e comunicazione**: se vogliamo partecipare nella società in modo significativo dobbiamo avere qualche forma di comunicazione con gli altri. Questo può avvenire sia direttamente sia attraverso la parola scritta. La comunicazione ci permette di imparare e ci fornisce una guida. Senza comunicazione è estremamente difficile realizzare qualcosa che influenzi o benefici la società, indipendentemente dal nostro obiettivo.

4. **Libertà:** è fondamentale capire che ci sono tipi diversi di libertà - esterna e interna. La felicità è possibile anche senza le libertà esterne come la libertà di parola o la possibilità di accedere all'assistenza sanitaria. L'assenza di queste libertà, tuttavia, rende più difficile raggiungere le cose che possono essere importanti per te. D'altra parte, la libertà interiore, che significa libertà dalle nostre stesse emozioni e desideri, è assolutamente necessaria per la felicità. Spiegherò più nel dettaglio questo punto in seguito.

5. **Riconoscimento e rispetto**: non mi riferisco alla fama o alla celebrità, piuttosto al riconoscimento da parte degli altri che sei un individuo e che sei rispettato come essere umano autonomo. Questo significa che non sei semplicemente considerato come un oggetto

o una merce. Se vivi in un paese democratico molto probabilmente ti sono già stati garantiti i diritti e il rispetto riconosciuti ad ogni essere umano.

Se ognuno di questi bisogni fondamentali viene soddisfatto, esiste il potenziale per noi, insieme a tutti gli altri, di raggiungere una grande felicità. Anche se può sembrare sorprendente, in realtà non abbiamo bisogno di altro. Se siamo già abbastanza fortunati da avere soddisfatti questi bisogni fondamentali, ma non riusciamo a riconoscerli o ad apprezzarli, non riusciamo a sfruttare al massimo la preziosa opportunità che abbiamo di diventare una persona felice. Perseguire qualcosa di più di ciò può aiutarci a diventare più felici, ma i nostri sforzi possono anche ritorcersi contro e rendere la nostra situazione più complicata o portare alla frustrazione.

BISOGNI E DESIDERI

I cinque bisogni fondamentali sopra menzionati sono necessari sia per la sopravvivenza, sia per raggiungere le condizioni favorevoli alla felicità, esternamente e, cosa più importante, internamente. Infatti costituiscono i requisiti essenziali per la felicità. Tuttavia, questi bisogni fondamentali devono essere soddisfatti solo in modo elementare e, pertanto, dobbiamo essere in grado di discernere la differenza tra bisogni e desideri. Cosa intendo con questo? Sforzandosi di ottenere il lusso e cercando di aggrapparsi a sempre più cose esterne possiamo provare un po' di piacere o di soddisfazione, ma gradualmente perdiamo la nostra focalizzazione interiore e, quindi, diventa sempre più difficile essere veramente felici.

Possiamo sopravvivere con solo acqua, pane e qualche verdura, ma di solito, nonostante ciò, vogliamo molti tipi diversi di bevande e cibo. Possiamo tenerci al caldo con solo uno o due abiti modesti, tuttavia ci può capitare di comprare un intero guardaroba di vestiti alla moda per rafforzare la nostra immagine. Per ripararci e proteggerci spesso cerchiamo il lusso di una casa con più stanze del necessario. La ricerca di altre cose materiali, come ad esempio l'ultimo modello di auto che abbiamo sognato per anni, può creare ulteriori difficoltà e allontanarci dalla felicità.

Abbiamo anche tanti modi diversi per comunicare e raccogliere informazioni: telefoni cellulari, internet, televisione e giornali, solo per citarne alcuni. Poiché ci siamo abituati a molte di queste cose, possiamo facilmente diventare scontenti se le nostre aspettative non vengono soddisfatte. Inoltre, molti di noi sono presi da un impulso compulsivo a impegnarsi per raggiungere quella che consideriamo una vita migliore, lavorando per lunghe ore e persino indebitandosi per finanziare questa "vita migliore". Se invece facessimo la scelta di semplificare la nostra vita e accettare un reddito più basso, potremmo avere più tempo libero da dedicare al genere di cose che darebbero alla nostra vita un senso molto più grande.

Spesso non ci accontentiamo di essere riconosciuti come esseri umani, ma vogliamo essere considerati una persona speciale, al di sopra degli altri. Cerchiamo l'amore e l'accettazione e vogliamo essere tenuti in alta considerazione dal nostro compagno, dalla famiglia, dagli amici e dalla nostra comunità, desiderando di essere stimati da coloro a cui teniamo. Oltre a questo, abbiamo un impulso molto forte ad innamorarci, che per la maggior parte di noi è mescolato ad un grande attaccamento. Ciò può portare alla gelosia, al risentimento o addirittura alla disperazione se le cose non funzionano come ci aspettiamo. Dobbiamo quindi essere davvero onesti e ricordarci sempre che ci può essere un grande dolore in agguato nell'ombra dell'amore romantico e non sempre ne abbiamo bisogno per essere felici.

Anche se possiamo pensare che il denaro ci renda felici, non è necessariamente così. Certo, abbiamo bisogno di soldi per sopravvivere, ma la quantità di denaro che pensiamo sia sufficiente dipende dal nostro atteggiamento. Molti di noi conoscono persone ricche che sono molto meno felici di quelle con redditi modesti e il caso dei vincitori della lotteria di cui ho parlato più sopra sembra confermarlo.

Pertanto, ogni volta che ci troviamo a desiderare più soldi, ad essere eccessivamente tentati dai beni materiali o presi nella morsa di quasi tutti i desideri, è importante riflettere sulla domanda: di cosa abbiamo veramente bisogno? Scoprirete presto che sarete più felici nel lungo periodo quando capirete la differenza tra bisogni e desideri e, di conseguenza, semplificherete la vostra vita.

PIACERE VS. FELICITÀ

Spesso si pensa che la felicità implichi una sensazione di eccitazione o piacere. Proviamo eccitazione, per esempio, quando acquistiamo la nostra prima auto o la nostra prima casa, quando ci sposiamo o andiamo in vacanza. Proviamo piacere quando perseguiamo il nostro hobby preferito, andiamo in spiaggia o al cinema, o passiamo del tempo con gli amici. Possiamo confondere questa momentanea sensazione di piacere con la felicità. Tuttavia, questo tipo di "felicità" è per sua natura breve e profondamente instabile, poiché si basa puramente su uno stimolo esterno. Quando lo stimolo esterno ci viene tolto, la sensazione di felicità scompare.

Anche se non c'è niente di male nel provare piacere, è fondamentale essere consapevoli che questo è solo il livello più superficiale della felicità. Essere dipendenti dal piacere ci impedirà di accedere alle dimensioni più profonde della felicità.

Una felicità più stabile è quella che si ottiene tramite il raggiungimento e la coltivazione di abilità e attitudini mentali. Ciò include la soddisfazione ottenuta attraverso attività come l'ottenimento di una borsa di studio, la scienza, lo sport, l'arte o la pratica religiosa. Può anche includere la creazione di una nuova invenzione o il coinvolgimento profondo in qualcosa in cui ci impegniamo. Questo è simile al tipo di felicità che proviamo quando siamo in uno stato di "flusso", che si verifica quando siamo completamente coinvolti nel nostro lavoro o in un'attività che ci piace. Ciò accade quando siamo così assorbiti da quello che stiamo facendo che non è probabile che sorga in noi la noia. Poiché ci piace, e siamo bravi a farlo, c'è molta meno possibilità di tristezza o ansia.

Entrambi questi tipi di felicità sono più stabili di quella che si basa interamente sulle sensazioni esterne poiché nascono in parte dall'interno e dipendono dal nostro atteggiamento mentale. Tuttavia, questi tipi di felicità non sono ancora del tutto stabili. Per esempio, cosa succede se lo studioso, per qualsiasi motivo, perde l'accesso alle risorse? O lo scienziato non può continuare la sua ricerca per mancanza di fondi? Se questa è l'unica fonte di felicità di una persona, allora potrebbe sprofondare nella disperazione.

Questo ci da un'ulteriore conferma che la vera felicità non dipende da nessuna forma di stimolo o condizione esterna. È completamente stabile, poiché è un sentimento che viene completamente da dentro - un sentimento caratterizzato da saggezza, compassione e dalla consapevolezza che la vita è profonda e significativa. Se abbiamo compassione e saggezza autentiche, tali qualità risiedono sempre dentro di noi e sono indipendenti dalle condizioni esterne. Questo non significa, tuttavia, che dovremmo astenerci da attività che ci danno un piacere momentaneo, bensì che dovremmo fare in modo che tutto ciò che facciamo sia collegato a un senso più profondo di significato e di scopo. Una persona con questa comprensione può raggiungere uno stadio in cui non è più dipendente dalle influenze del mondo esterno. Una persona con questo tipo di felicità è completamente libera.

QUALITÀ MENTALI POSITIVE

Abbiamo detto che, non importa quanto buone siano le nostre condizioni esterne, non saremo mai veramente felici senza la presenza di qualità mentali positive. Queste nascono nel profondo del nostro cuore e, se coltivate, formano la base di un carattere maturo, profondo e ricco. Tali qualità, allineate con ciò che apprezziamo di più nella nostra vita, sono ciò per cui vorremmo essere ricordati. Inoltre sostengono e danno un senso alla nostra vita nei momenti più difficili.

L'essenza di queste qualità virtuose è sostenuta da quasi tutte le principali tradizioni religiose e culturali del mondo. Indipendentemente dalla tradizione, ci sono vari livelli di comprensione e di maturità con cui possiamo adottare e praticare queste qualità. È importante ricordare che, più che un obiettivo, queste qualità mentali descrivono una direzione in cui desideriamo continuare a muoverci. Per esempio, se vi sforzate di essere empatici e premurosi verso gli altri, questo è un impegno continuo che orienterà il vostro modo di vivere per il resto della vostra vita. Non è qualcosa che si raggiunge e poi si dimentica.

Quando ci impegniamo a coltivare delle qualità mentali positive ci connettiamo con i nostri valori più profondi e, quindi, abbiamo sempre un certo grado di felicità e di significato nella nostra vita. Ogni volta che mettiamo in pratica queste qualità positive possiamo essere sicuri che verrà piantato un seme che alla fine maturerà in una felicità autentica. È utile pensare alla coltivazione di queste qualità come a un processo di causa ed effetto: un buon seme porterà a un buon risultato, mentre un cattivo seme porterà a un risultato misero. Alcune persone scopriranno che alcune di queste qualità vengono loro più naturali di altre. Ciò è simile all'idea dei "punti di forza" nella psicologia moderna, che descrivono i tratti caratteriali buoni che possono aiutarci a creare una vita ricca e significativa se scegliamo di concentrarci su di essi.

Le qualità positive che dobbiamo coltivare si dividono in categorie dirette e indirette. Le qualità indirette contribuiscono alla nostra felicità migliorando in qualche modo le nostre condizioni esterne, mentre le qualità dirette portano immediatamente alla felicità. Sebbene sia difficile, è possibile essere felici senza le qualità indirette, ma non potremo mai raggiungere la felicità senza le qualità dirette.

Prima di entrare nel dettaglio di quali siano queste qualità è necessario menzionare l'importanza della saggezza e della compassione. La saggezza è una combinazione di tutte le qualità elencate di seguito ed è una parte di esse, ma si trova anche al di sopra di esse. La saggezza tuttavia non è la stessa cosa dell'intelligenza, poiché non significa sapere molte cose. Piuttosto ha a che vedere con una buona comprensione pratica di ciò che è veramente importante e come applicarlo nella vita quotidiana.

Anche la compassione è assolutamente necessaria per il raggiungimento dei più alti livelli di felicità. Praticare ognuna delle altre qualità ci porterà ad un certo livello, ma è solo attraverso la coltivazione di un autentico spirito di compassione o altruismo che il nostro potenziale ultimo verrà alla luce. Perciò, sopra ogni altra cosa, la felicità richiede lo sviluppo di compassione e di saggezza.

Mentre pratichiamo queste qualità, è probabile che il nostro atteggiamento e le nostre azioni saranno apprezzati, influenzando coloro che ci circondano in modo positivo. Tuttavia può essere vero anche il contrario e potremmo scoprire che alcune persone reagiscono in maniera negativa. Questo accade perché stiamo percorrendo un cammino verso l'altruismo e coloro che non seguono un cammino simile potrebbero sentirsi minacciati o non capire le nostre motivazioni. Le loro reazioni potrebbero essere provocatorie e irragionevoli, se non riescono a vedere lo scopo di ciò che stiamo facendo. Questa situazione ci richiede di sviluppare ancora più compassione per capire la fonte delle loro reazioni negative e per rispondere nel modo più abile e appropriato. Ciò può diventare così un'opportunità per praticare la nostra disciplina spirituale nella vita quotidiana.

Qualità indirette

Forza di carattere

Se abbiamo un carattere forte o coraggioso possiamo realizzare molte cose nella nostra vita e ottenere così piacere e soddisfazione. Una persona che non ha un carattere forte avrà difficoltà a prendere decisioni e a raggiungere gli obiettivi e, quindi, sarà molto più difficile che riesca a trovare la felicità.

Ambizione, entusiasmo e determinazione

Queste sono qualità che ci permettono di ottenere molte cose nella vita. Se non abbiamo una direzione chiara o non abbiamo entusiasmo, cadremo nella trascuratezza o nella pigrizia e non miglioreremo mai la situazione della nostra vita o di quella degli altri. La nostra vita può, quindi, diventare molto noiosa. Anche se abbiamo ambizione, senza una forte volontà o senza determinazione è facile distrarsi e sprecare il nostro prezioso tempo. Ricordate, tuttavia, che lavorare sodo non significa che la nostra vita sarà più difficile; in realtà le cose saranno molto più facili a lungo termine.

Anche se alcune persone possono diventare eccessivamente stressate quando sono troppo ambiziose, questo ci metterà in una situazione molto migliore rispetto all'essere pigri e, gradualmente, arriveremo a godere del processo di lavorare duro ogni giorno, specialmente se i nostri obiettivi sono significativi. Quando l'ambizione è accompagnata da una motivazione buona e dalla saggezza possiamo avere la certezza che otterremo risultati positivi in futuro. Senza avere un buon cuore o senza l'altruismo possiamo ottenere grandi cose, ma le conseguenze possono essere negative se non stiamo attenti, come abbiamo visto storicamente con l'ascesa di dittatori che hanno causato enormi danni.

Gentilezza, attenzione per gli altri ed empatia

Queste qualità ci aiutano a creare e mantenere buone relazioni con gli altri, il che è importante per la nostra felicità. Inoltre, scopriremo che, se siamo gentili con gli altri, ci sono più possibilità che gli altri siano gentili con noi - a volte subito, a volte a distanza di anni. Il merito delle nostre azioni aumenterà di sicuro, forse anche in maniera invisibile, e i risultati benefici arriveranno naturalmente. Nessuno può raggiungere la completa felicità senza aiutare gli altri.

Rispetto per gli altri

Se abbiamo sempre rispetto o considerazione per gli altri, allora avremo certamente meno problemi nelle nostre relazioni con le persone e avremo molte più probabilità di mantenere la pace e la tranquillità. Rispettare gli altri significa agire con umiltà e cortesia, ed essere disposti a capire il loro punto di vista o empatizzare con i loro limiti, il che ci porta naturalmente a sentire vicinanza, affetto e armonia nei loro confronti.

Pazienza

Questa è una qualità importante, ma è facile fraintendere il modo in cui la pazienza dovrebbe essere sviluppata. Se possiamo cambiare una situazione in meglio agendo, non è bene sedersi e pensare: "Qui mi limiterò a praticare la pazienza". Questo tipo di atteggiamento è una forma di pigrizia o di noncuranza, non di pazienza! Avere pazienza significa che possiamo gestire o far fronte a qualsiasi situazione che non sta andando bene ed essere tolleranti, non importa quanto possa essere frustrante; ma dovremmo comunque avere la presenza di spirito di agire in modo abile e appropriato piuttosto che semplicemente "rinunciare" o aspettare passivamente senza cercare una soluzione.

Qualità dirette

Autocontrollo

L'autocontrollo è assolutamente necessario per gestire le nostre emozioni, specialmente quelle negative come la rabbia e la gelosia, a meno che non abbiamo una capacità eccezionale di usare queste emozioni in modo costruttivo. In alcune culture, le persone tendono a reprimere i loro veri sentimenti ed emozioni per paura di apparire scortesi o maleducati, ma col tempo questi sentimenti repressi possono traboccare in modo incontrollato. Queste persone possono pertanto reagire con gravi scoppi emotivi oppure si ritirano completamente, allontanandosi da qualsiasi situazione impegnativa, il che è molto peggio di un normale scambio di emozioni. Il punto chiave, quindi, è allenarsi ad accettare e contenere un flusso sano e normale di emozioni piuttosto che reprimerlo. Le emozioni che possiamo imparare a controllare includono la rabbia e la tristezza (che possono trasformarsi in depressione se lasciate incontrollate), così come aspettative o desideri irrealistici come l'amore emotivo incontrollato.

Gratitudine

Se proviamo gratitudine per le cose che ci circondano è quasi impossibile sentirsi depressi o infelici. La maggior parte della nostra infelicità non deriva dalla sfortuna ma dalla mancanza di gratitudine, poiché questa offusca la nostra percezione del mondo esterno. Senza gratitudine non potremo mai essere felici, indipendentemente dalle circostanze in cui ci troveremo.

Apprezzamento

Questo è strettamente legato alla gratitudine, poiché se siamo grati saremo naturalmente riconoscenti. Di solito le persone sono infelici perché dimenticano di apprezzare le molte cose buone che hanno nella vita. Alcune persone scelgono di vedere il mondo da una prospettiva distorta in cui tutto appare negativo indipendentemente da ciò che sta realmente accadendo. Senza apprezzamento non raggiungeremo la vera felicità. Perciò può essere molto utile esercitarci ad apprezzare qualsiasi evento positivo e opportunità che ci si presenta, per quanto piccola ci possa sembrare.

Appagamento

Quando sperimentiamo la felicità proviamo soddisfazione. Questo senso di soddisfazione non dipende dalle condizioni esterne o dal benessere, quanto piuttosto dalla qualità interiore dell'appagamento. Senza questa qualità non saremo mai completamente soddisfatti, sentiremo sempre che abbiamo bisogno di qualcosa di più. Ci sembrerà anche che gli altri stanno meglio di noi e questo ci trascinerà in una spirale di emozioni negative come la gelosia e l'avidità. Coltivare l'appagamento, pertanto, significa coltivare la felicità. Alcune persone hanno naturalmente un certo grado di appagamento e, quindi, è più facile per loro sviluppare questa qualità, mentre altre potrebbero aver bisogno di impegnarsi maggiormente. Tuttavia è sicuramente qualcosa che tutti possiamo imparare a costruire e coltivare.

Umiltà

Un atteggiamento umile ci aiuta a imparare a rispettare gli altri e a coltivare relazioni strette. Come un contenitore aperto o una porta aperta, questo atteggiamento permette a molte altre buone qualità di venirci incontro. L'orgoglio e l'arroganza, invece, sono come un contenitore rovesciato o una porta chiusa, perché ci fanno pensare o agire in modo rigido e ci impediscono di imparare cose nuove. L'umiltà è quindi essenziale se vogliamo imparare dagli altri, avere rispetto per loro, andare più d'accordo con le persone e ottenere una visione più chiara e compassionevole della realtà.

Qualità dirette e indirette

Autostima e fiducia in se stessi

Queste qualità sono indirettamente responsabili della felicità, poiché sono necessarie per raggiungere gli obiettivi della nostra vita. Inoltre, se ci sentiamo bene con noi stessi, la nostra mente è automaticamente più felice! Pertanto, a volte anche piccole cose, come indossare bei vestiti o tagliarsi i capelli, ci fanno sentire meglio con noi stessi e possono contribuire alla nostra autostima.

Concentrazione

Se siamo in grado di avere una forte concentrazione e di prestare molta attenzione a tutto ciò che facciamo, sarà più facile allenare la nostra mente in tutte le altre qualità. Grazie allo sviluppo della consapevolezza e dell'attenzione al momento presente, non saremo più distratti da pensieri inutili o chiacchiere mentali. Inoltre, possiamo imparare a sperimentare uno stato di 'flusso' o di assorbimento in molte delle attività che intraprendiamo, il che porta a una maggiore gioia, efficienza e anche produttività. Più riusciamo a mantenere uno stato di calma interiore, meno ansia sperimenteremo. Col tempo, la nostra mente diventerà chiara, acuta e forte.

Perdono

Il perdono è direttamente collegato alla felicità. Se impariamo a coltivare il perdono genuino, la nostra mente non potrà essere disturbata dalla rabbia o dal risentimento. Ciò favorisce un senso di pace interiore. Il perdono è anche indirettamente responsabile della felicità perché, quando perdoniamo sinceramente le persone, il nostro rapporto con loro diventerà sicuramente più armonioso.

Il perdono è simile alla pazienza, nel senso che deve essere messo in pratica con saggezza. Non significa lasciare che le persone ci calpestino.

In qualsiasi situazione in cui subiamo un torto, possiamo comunque cercare attivamente di migliorare la situazione, anche se è fondamentale mantenere sempre un atteggiamento di perdono. Perdonare non significa nemmeno reprimere i sentimenti come la rabbia - è essenziale che prima riconosciamo qualsiasi rabbia o risentimento che possiamo provare, perché solo allora potremo perdonare davvero.

Generosità

L'effetto indiretto della generosità è un miglioramento delle nostre relazioni con gli altri. Inoltre, quando abbiamo un atteggiamento generoso e doniamo agli altri il nostro tempo, la nostra energia, i nostri consigli, i nostri beni materiali, o compiamo qualsiasi tipo di atto di generosità è impossibile che, allo stesso tempo, ci sentiamo infelici . Il nostro cuore si riscalda e diventiamo più sereni e felici. Dobbiamo ricordare, tuttavia, che essere generosi con gli altri non deve compromettere la nostra capacità di amarci e prenderci cura di noi stessi. È vitale avere un forte senso di autostima e di amore per se stessi come base per estendere l'amore e la generosità agli altri. Senza questa base saremo limitati in relazione a quanto potremo condividere con gli altri.

Compassione

La compassione è essenziale se vogliamo condurre una vita veramente felice e i metodi per svilupparla sono spiegati nel dettaglio in questo libro. Compassione significa prendersi cura degli altri e di noi stessi in modo saggio, con una forte consapevolezza e comprensione che, in fondo, tutti noi desideriamo allo stesso modo la felicità. La vera felicità non potrà mai essere raggiunta se la cerchiamo a spese di altre persone, ma la si raggiungerà sicuramente avendo compassione per gli altri. È cruciale, tuttavia, coltivare all'inizio la compassione e la cura verso noi stessi; questo include cose come mangiare bene, fare esercizio fisico e trovare dei momenti di tranquillità per "ricaricare le batterie". Non possiamo essere compassionevoli verso gli altri se non sappiamo come prenderci cura di noi stessi.

Quando proviamo vera compassione, non ha importanza se ci piaccia o non ci piaccia l'altra persona oppure se la troviamo intelligente o meno. Nello stesso modo in cui vogliamo noi stessi essere felici, compassione significa volere anche che gli altri siano felici, riconoscendo che tutti hanno questo stesso desiderio. Ciò ha un impatto diretto e indiretto sulla nostra felicità. Quando mostriamo compassione genuina, specialmente se lo facciamo senza aspettarci nulla in cambio, le nostre azioni verso gli altri saranno gentili e amorevoli e le nostre relazioni con loro quasi certamente miglioreranno. Ma, cosa più importante, la nostra mente sarà chiara e serena, come un luminoso cielo estivo senza neanche una nuvola. La vera felicità non potrà mai essere raggiunta se la cerchiamo a spese di altre persone, ma la si raggiungerà sicuramente avendo compassione per gli altri.

AZIONI POSITIVE

Come possiamo sviluppare queste qualità positive? Non basta semplicemente sedersi e pensare "Devo provare gratitudine, devo avere fiducia in me stesso", giorno dopo giorno. I nostri pensieri guidano le nostre azioni, ma allo stesso tempo le nostre azioni hanno una certa influenza su come pensiamo e sulle situazioni che ci circondano. A volte possiamo non avere l'esperienza o la saggezza per sapere come agire in una certa situazione. Pertanto, nel corso di tutto questo libro ho voluto fornire una guida specifica su come possiamo vivere una vita basata su azioni positive. Agire in modo attento e maturo, guidati da una corretta condotta etica, ci porterà a un atteggiamento mentale più positivo e renderà la nostra mente un luogo più fertile per la crescita della felicità.

Man mano che invecchiamo e le circostanze della nostra vita cambiano, ci troveremo di fronte a molte sfide diverse, perciò ho fornito una guida specifica per i tipi di problemi che generalmente si sperimentano nelle diverse fasi della vita. Alla base di tutti questi consigli, tuttavia, ci sono alcuni concetti di base o regole che ci permetteranno di vivere bene. Queste cinque regole (o "cinque precetti", come li chiamiamo nel buddismo) sono prese direttamente dagli insegnamenti del Buddha. Tuttavia si riflettono in quasi tutti gli insegnamenti morali e religiosi di tutto il mondo e forniscono una buona struttura morale in base alla quale si dovrebbe vivere (anche se la loro interpretazione può essere complessa a volte!). Queste cinque regole sono:

1. **Non uccidere:** significa che non dovremmo intenzionalmente uccidere o arrecare danno ad alcun essere vivente, incluse creature come zanzare, formiche o ragni. Ogni essere vivente prova sentimenti simili alla paura e siamo, quindi, tenuti a rispettare e proteggere tutte le forme di vita. Questo vale anche per la pesca ricreativa, che può far provare ai pesci immenso dolore e stress solo per il nostro piacere personale.

2. **Non rubare:** significa che non dovremmo prendere la ricchezza o le proprietà di altri senza il loro permesso e dovremmo prendere soltanto ciò che ci viene dato liberamente, senza alcuna manipolazione.

3. **Non mentire:** significa che non dobbiamo mentire o nascondere la verità per il nostro beneficio o in difesa del nostro interesse personale

4. **Evitare una condotta sessuale inappropriata:** significa che dovremmo astenerci dal praticare una condotta sessuale immorale che porta a conseguenze dannose per noi stessi e per gli altri.

5. **Evitare gli intossicanti:** significa che non dovremmo indulgere in intossicanti quali l'alcool o altre droghe, sapendo che annebbiano la mente, danneggiano il corpo e portano a danneggiare se stessi o gli altri.

Quando parliamo di azioni positive, ciò include anche le cose che dovremmo fare per prenderci cura di noi stessi nel miglior modo possibile. Allo stesso modo in cui dovremmo evitare di fare del male agli altri, dovremmo anche evitare di fare del male a noi stessi non prestando attenzione alla nostra dieta, mangiando troppo, dormendo in maniera sregolata o trascurando l'esercizio fisico. In Tibet la maggior parte della gente ha una vita piuttosto dura, quindi tende a fare molto esercizio durante il giorno e a seguire una buona dieta e l'obesità è quasi sconosciuta. Eppure in Occidente abbiamo spesso uno stile di vita sedentario in cui l'esercizio fisico e l'alimentazione sana sono opzionali e, spesso, siamo troppo impegnati per trovare il tempo di occuparci di questo ambito della nostra vita.

Non c'è dubbio che l'esercizio fisico giovi al nostro benessere fisico e, al giorno d'oggi, sappiamo che è fondamentale anche per il benessere mentale. Uno studio recente, per esempio, ha concluso che fare esercizio fisico tre volte a settimana è utile per alcuni pazienti con depressione tanto quanto l'assunzione di un antidepressivo. Inoltre, coloro che prendevano solo il farmaco avevano molte più probabilità di ricadere nella depressione rispetto a quelli che facevano esercizio. Oltre a ciò, altri studi hanno dimostrato che l'attività fisica regolare porta a una riduzione dell'ansia, ad avere un sonno migliore, a un migliore funzionamento mentale e a una maggiore autostima.

Come buddista credo altresì che le nostre azioni quotidiane, o karma, contribuiscono agli eventi che ci accadono in questa e nelle prossime vite. Sebbene possiate non condividere questo punto di vista, sento che è importante menzionare queste idee perché credo che possano essere di beneficio a tutti. Anche se non avete familiarità con l'idea del karma, può comunque essere utile capire come il piacere o la frustrazione che sperimentiamo dipendano fondamentalmente da come ci comportiamo gli uni con gli altri.

SUPERARE GLI STATI D'ANIMO NEGATIVI

Se, da un lato, abbiamo bisogno di coltivare e adottare qualità mentali positive, è altrettanto importante riconoscere e abbandonare gli stati d'animo negativi o malsani. Questi sono i principali ostacoli al raggiungimento dell'autentica felicità. Queste qualità non salutari derivano essenzialmente da una mancanza di saggezza. Esse includono:

- Bassa autostima
- Eccessiva paura o ansia
- Mancanza di autocontrollo
- Apatia
- Noncuranza
- Sconforto
- Avarizia o avidità
- Orgoglio e arroganza
- Rifiuto
- Egoismo
- Intolleranza
- Impazienza
- Odio o risentimento
- Rabbia incontrollata
- Ingratitudine
- Cinismo.

A lungo termine, questi stati d'animo negativi porteranno sempre ad un aumento della sofferenza e dell'insoddisfazione che proviamo. Dovremmo quindi cercare, come meglio possiamo, di identificarli e superarli. Anche se sradicare le nostre tendenze negative non è un compito facile, è sicuramente realizzabile se lavoriamo abilmente per superarle.

Come possiamo farlo? In primo luogo, se ci esercitiamo diligentemente a concentrarci sulle qualità positive, come la gratitudine e la compassione, le qualità non salutari diminuiranno gradualmente. Ciò può essere paragonato a un abile falegname che estrae un chiodo grande battendolo con un chiodo sottile. Inoltre, possiamo riflettere profondamente sui pericoli o gli svantaggi delle qualità non salutari, ricordandoci che esse comportano sempre sofferenza per noi stessi e per gli altri.

Anche se allenare la nostra mente in questo modo può essere più difficile, per esempio, che perdere peso, un impegno di questo tipo sarà molto più benefico a lungo termine. Man mano che la nostra mente diventerà più serena e stabile nel tempo, le tendenze malsane si attenueranno gradualmente e le buone qualità come l'amore e il coraggio verranno alla luce.

Molti di noi troveranno difficile superare le forti emozioni poiché queste sono così saldamente radicate nel nostro subconscio. Tali emozioni e impulsi sono come un'ombra che è sempre lì con noi, anche se non siamo consapevoli della sua presenza. Sono spesso collegati a eventi difficili della nostra vita che cerchiamo di reprimere, cosicché particolari fattori scatenanti daranno origine per associazione a certi ricordi dolorosi o a credenze errate come "non sono abbastanza bravo". Tornano a perseguitarci sotto forma di reazioni malsane quali rabbia incontrollata, vergogna o ansia, come un uccello che ci piomba addosso quando vede la sua preda. Anche se queste emozioni e impulsi negativi sono, in una certa misura, una parte normale della condizione umana, la buona notizia è che possono sicuramente essere cambiati.

Cosa possiamo fare, allora, per queste emozioni più ostinate? La chiave è far risplendere su di loro la luce della consapevolezza compassionevole. Piuttosto che cercare di negare, evitare o combattere la nostra esperienza interiore di pensieri, sentimenti e ricordi spiacevoli, che possono creare molta più sofferenza a lungo termine, possiamo prima imparare ad accettarli come parte della nostra condizione umana. Potremo allora vedere che tutto ciò non interferisce necessariamente con la nostra capacità di vivere una vita ricca e significativa.

Inoltre, possiamo imparare a riconoscere che sotto le emozioni "negative" come la rabbia e la vergogna c'è spesso un'intensa chiarezza, un'assenza di paura e un profondo senso di attenzione premurosa. Con la pratica possiamo imparare a evitare, da un lato, l'estremo di una rabbia incontrollata e, dall'altro, un sentimento di vergogna o di dolore interiore. Entrambe le reazioni sono basate su una falsa percezione della realtà, ma se rimaniamo nell'esperienza o nel sentimento originario, prima che queste reazioni prendano il sopravvento, possiamo trasformare queste emozioni in un'espressione di profonda attenzione premurosa, proprio come un medico abile che è in grado di trasformare in medicina ciò che normalmente sarebbe velenoso per noi. Possiamo pertanto scegliere di tenere sotto controllo in maniera determinata il nostro corpo e la nostra parola, mentre la nostra mente rimane completamente libera dalla rabbia incontrollata o dalla falsa percezione. Oppure possiamo scegliere di non esercitare questo controllo, vedendo che questo può essere il miglior corso d'azione, senza trattenere alcuna reazione come la vergogna e il risentimento o semplicemente ricordandoci come queste reazioni si sono scatenate in passato.

Spesso abbiamo delle convinzioni di lunga data su noi stessi e sul mondo in cui viviamo. Queste convinzioni portano a idee malsane che ci fanno sperimentare forti reazioni emotive che si ripetono nel tempo.

Ciò può essere rafforzato da una cultura che ci incoraggia ad avere successo, ad "andare avanti" e ad ignorare molte delle cose che ci pongono dei problemi. Per esempio, potremmo avere un'idea preconcetta di come dovrebbero andare le cose nella nostra vita e pensare che tutto dovrebbe andare come vorremmo, o che siamo una buona persona solo se si verificano certe condizioni. Potremmo pensare che la felicità arriverà solo se continuiamo a sforzarci di essere i migliori, ottenere l'approvazione degli altri o fare molti soldi. Forse abbiamo la convinzione che raggiungere la felicità non è realistico perché la nostra situazione è così brutta e questo ci fa scoraggiare o ci rende depressi. D'altra parte, potremmo avere solo una comprensione limitata di cosa sia la felicità e bloccarci dalla scoperta dei livelli più profondi di felicità. Al livello più estremo potremmo persino pensare che sia impossibile raggiungere la felicità!

Questi presupposti sono tutti ostacoli alla saggezza e, sfortunatamente, alcuni di essi possono anche essere rafforzati dalle persone e dalla cultura intorno a noi. Diventare consapevoli di questi presupposti può aiutarci a cambiare il nostro modo di pensare e imparare ad accettare il presente piuttosto che continuare a lottare contro di esso. Può anche portare a una compassione sincera per coloro che stanno attraversando difficoltà simili - impariamo a toccare il nostro "punto debole" e a provare un'umile accettazione della condizione umana.

Per mettere in discussione questi presupposti ed essere in grado di accettare chi siamo veramente è importante parlare apertamente con persone di cui ci fidiamo. Per esempio un terapista, un gruppo di supporto, un amico intimo o un conoscente con una certa dose di saggezza, specialmente se hanno vissuto esperienze simili alle nostre. Dovremmo sempre ricordare che anche chi ha meno esperienza potrebbe essere in grado di aiutarci. Assicurati, inoltre, di consultare un medico se ti senti depresso o sei così sopraffatto dalla vita quotidiana da non essere in grado di svolgere le normali attività della vita quotidiana.

Mentre impariamo ad accettare il dolore e le tendenze negative che sono una parte intrinseca dell'essere umano possiamo anche andare avanti con il processo di creare una vita ricca e significativa per noi stessi - e questo è l'obiettivo principale delle altre sezioni di questo libro. Così facendo coltiveremo naturalmente stati d'animo positivi, come l'altruismo, e contemporaneamente indeboliremo, fino ad eventualmente trasformare, le nostre tendenze negative. In questo modo potremo gradualmente esercitarci a controllare le nostre emozioni, accettando allo stesso tempo la loro esistenza e la sofferenza che deriva dalla loro presenza. Quando non saremo più controllati dalle emozioni e avremo imparato a vincere l'abitudine di mettere noi stessi al primo posto, scopriremo finalmente la nostra vera natura "priva di un sé", la fonte da cui sorgono naturalmente tutte le buone qualità.

LA FELICITÀ NELLE DIVERSE ETÀ

Le cause principali della felicità rimangono le stesse per tutta la vita, indipendentemente dall'età che abbiamo. Ognuno ha il potenziale per coltivare la propria mente in modo da far crescere i semi della felicità. Le caratteristiche mentali di base o dirette hanno la stessa importanza in ogni età. Le caratteristiche mentali indirette tendono ad aumentare e diminuire la loro importanza a seconda della fase della vita in cui ci troviamo e degli obiettivi che ci prefiggiamo.

Siccome ogni essere umano ha il potenziale per raggiungere la felicità, indipendentemente dalla sua età, analizzerò le varie fasi della vita e offrirò alcuni consigli per ciascuna di esse. Potete fare riferimento alla sezione che si occupa specificamente della vostra fascia d'età, oppure potete leggerle tutte e raccogliere, forse, dei suggerimenti utili sulla felicità di cui non eravate a conoscenza. Potete anche cercare di identificare quali delle qualità mentali positive vi vengono più naturali e concentrarvi prima su questi punti di forza. Scoprirete poi che anche molte altre buone qualità cominceranno a venirvi naturali..

Prima di iniziare, però, devo sottolineare che la felicità richiede un persistente allenamento della mente e, per alcune persone, questo può richiedere grande diligenza e determinazione. Proprio come i medici hanno bisogno di molti lunghi anni di formazione prima di poter praticare la medicina, anche la maggior parte di noi ha bisogno di un grande allenamento, sia nei nostri atteggiamenti che nelle nostre azioni, per arrivare allo stadio in cui avremo una sensazione coerente e permanente di felicità. Vi esorto quindi a considerare questo libro come una gemma preziosa e a continuare a farvi riferimento ogni volta che affrontate delle difficoltà, ma anche quando vivrete dei momenti piacevoli. Ricordate anche che questo libro è una delle tante risorse e non è detto che sia la guida più adatta alla vostra situazione. È saggio, quindi, leggere anche altri libri o chiedere consiglio a persone o organizzazioni che possano essere di aiuto.

La mia speranza è che siate in grado di ricordare tutti i consigli che si applicano alla vostra situazione ovunque siano presentati in questo libro. È importante non accontentarsi solo di una comprensione intellettuale, ma applicare questi insegnamenti nella vita quotidiana. Se prenderete a cuore questi consigli, ho grande fiducia che sperimenterete una differenza significativa nel vostro livello di felicità.

Seminare i semi della felicità

Questo capitolo contiene alcune brevi storie scritte affinché i genitori possano leggerle a voce alta ai loro figli, oppure i bambini possano leggerle da soli se sono abbastanza grandi. Normalmente in un libro per bambini troviamo immagini, fotografie e altri modi semplici e chiari per comunicare un messaggio, tuttavia, poiché questo libro non è solo per bambini, non ci sono immagini e alcuni dei messaggi contenuti nelle storie possono essere più complessi di quelli che si trovano in genere nei libri per bambini.

Generalmente i bambini sono naturalmente più felici degli adulti a causa della mancanza di grandi responsabilità e preoccupazioni. La felicità è quasi sempre alla loro portata e possono giocare ed essere gioiosi senza che nessuno gli insegni come fare. Eppure è molto importante gettare i semi per la felicità futura in tenera età, in modo che i bambini imparino ad essere saggi e trovino la vera felicità in età adulta. I seguenti racconti vogliono essere come dei segnali sul ciglio della strada che indicano la direzione di una vita felice. Il mio augurio è che i genitori leggano e discutano questi racconti con i loro bambini, aiutandoli a piantare i semi delle buone qualità che sicuramente li aiuteranno per tutta la vita.

UN RACCONTO SULL'ESSERE SODDISFATTI DI QUELLO CHE SI HA

C'erano una volta due bambini, Jenny e John, che erano cugini. Anche se avevano la stessa età, frequentavano la stessa scuola ed erano cresciuti con le stesse persone, pensavano e si comportavano in modo molto diverso.

Jenny possedeva molti giocattoli costosi. Era molto possessiva e si rifiutava di lasciare che qualcun altro ci giocasse o addirittura li toccasse. Anche se aveva molti vecchi giocattoli che non le piacevano più o con cui non giocava più, si rifiutava comunque di darli a qualcun altro. Jenny non era mai contenta e desiderava sempre cose nuove, anche se ne aveva già così tante.

John, d'altra parte, non aveva così tanti giocattoli, ma era felice con quelli che aveva. Era un ragazzo molto alla mano e facile da accontentare che si offriva sempre di condividere i suoi giocattoli con altri bambini, specialmente quelli meno fortunati di lui. John non aveva bisogno di molto per essere felice. Quando non c'erano giocattoli con cui giocare, si divertiva a giocare con pietre o ramoscelli o qualsiasi cosa potesse trovare.

Man mano che i due cugini crescevano, continuavano a mantenere le loro stesse abitudini. Jenny non era mai contenta di quello che aveva e voleva sempre qualcosa di più. Era insoddisfatta del suo ragazzo, anche se era molto gentile e la amava molto. Pensava di poter trovare qualcuno più bello e intelligente. Jenny aveva anche buoni amici e possedeva molte cose ma, nonostante tutto quello che aveva, non era mai contenta o veramente felice di qualcosa. Crescendo rimase così e finì per diventare una donna molto insicura, infelice e sola.

John continuò ad essere grato e contento di qualsiasi cosa avesse o non avesse. Era sempre rilassato e premuroso nei suoi rapporti con gli altri. Crescendo diventò un uomo molto felice e molto amato, con molti amici meravigliosi e una famiglia forte, sana e amorevole. Ovunque andasse diffondeva felicità. John era stato contento fin dalla più tenera età. In qualche modo sapeva che la felicità non consisteva nell'avere molte cose, bensì nel condividere ciò che aveva con gli altri.

Quale di queste due persone preferireste essere e perché?
Parlatene con qualcuno, magari con vostra madre o vostro padre.
Come risponderebbero loro a questa domanda?

UN RACCONTO SULL'AMICIZIA

C'era una volta una gazza che viveva tra i rami di un salice sulla riva di un lago. Nelle acque di questo lago, non lontano dal salice, viveva una tartaruga. C'era anche un cervo che si recava spesso a bere dal lago. Tutti e tre gli animali erano grandi amici.

Un giorno, quando il cervo si avvicinò al bordo del lago per bere dell'acqua, fu improvvisamente preso in una trappola che era stata lasciata da un cacciatore. La sua zampa era impigliata in delle corde molto forti. Sentendo le sue grida, Tartaruga e Gazza si riunirono subito per discutere su come aiutare al meglio il loro amico.

Gazza disse: "Sorella Tartaruga, poiché le tue mascelle sono forti e robuste, puoi usarle per masticare e tagliare le corde. Nel frattempo, io troverò un modo per impedire al cacciatore di tornare al lago".

E così Tartaruga cominciò a masticare le corde mentre Gazza volava verso la capanna del cacciatore.

La mattina seguente il cacciatore uscì dalla porta della sua capanna portando a presso un coltello affilato. Improvvisamente apparve la gazza e gli volò in faccia con tutta la sua forza, più e più volte. Stordito dall'attacco, il cacciatore tornò di corsa alla sua capanna ma, poco dopo, uscì di nascosto dalla porta posteriore. Gazza però era intelligente e si aspettava che lui facesse questo. Scese in picchiata e ricominciò ad attaccarlo, colpendolo duramente al volto con i suoi artigli. Scoraggiato da questo secondo attacco, il cacciatore concluse che era un giorno sfortunato e decise di riposare, pensando che sarebbe stato meglio rimandare a domani.

Sfortunatamente per i tre amici animali, la mattina seguente il cacciatore si preparò ad un altro attacco della gazza coprendosi il viso con un cappello. Incapace di fermare il cacciatore, Gazza tornò di corsa nella foresta per avvertire gli amici. "Il cacciatore sta arrivando!" gridò.

A questo punto Tartaruga aveva quasi finito di masticare l'ultima corda, anche se la corda era dura come l'acciaio e le sue mascelle erano ormai insanguinate e lacerate. Proprio alla comparsa del cacciatore, Cervo fece uno sforzo possente e, con un calcio, spezzò l'ultima corda prima di scappare nella foresta.

Arrabbiato per la fuga di Cervo, il cacciatore raccolse l'esausta Tartaruga e la mise nel suo sacco di pelle, lasciandola appesa al ramo di un albero vicino. Poi si mise alla ricerca di Cervo.

Nascosto dietro a dei cespugli, Cervo vide il pericolo in cui si trovava Tartaruga. I miei amici hanno rischiato la vita per me", pensò, "quindi ora devo fare lo stesso per loro". E così, fingendo di essere molto stanco, uscì in piena vista del cacciatore.

Pensando che sarebbe stato una facile preda, il cacciatore cominciò a inseguire Cervo. Quando furono nel profondo della foresta, Cervo improvvisamente scappò, correndo finché non fu fuori dalla vista del cacciatore; poi coprì le impronte degli zoccoli e tornò indietro verso il lago. Usò poi le sue corna per sollevare la borsa del cacciatore dal ramo e far uscire Tartaruga. Tartaruga fu in grado di trascinarsi nell'acqua e nascondersi, mentre Cervo corse di nuovo nella foresta.

Tornato al lago, il cacciatore trovò la sua borsa a terra, vuota. Frustrato e deluso, prese il suo coltello e tornò alla sua capanna. Era così scoraggiato che pensò di abbandonare la caccia - forse avrebbe potuto lavorare nella fattoria del suo vicino!

Tartaruga e Gazza avevano salvato la vita a Cervo e ora Cervo aveva sicuramente salvato la vita a Tartaruga. E per di più, avendo visto la loro amicizia e la loro solidarietà nell'aver cooperato per aiutarsi a vicenda, il cacciatore prese la decisione di rinunciare alla caccia. Vedere quanto si prendevano cura l'uno dell'altro gli fece capire che sarebbe stato sbagliato ucciderli, così come sarebbe stato sbagliato per lui fare del male ai suoi propri amici.

Immaginate di essere Tartaruga in questa storia. Pensate agli amici che vi siete fatti in questa vita. Chi sarebbe Gazza? Chi sarebbe Cervo? Cosa significa per voi essere un amico? Come potete dimostrare ad un'altra persona che siete suoi amici?

UN RACCONTO SULL'ACCETTAZIONE DI SE STESSI

C'era una volta un ragazzino di nome Alex. Quando era un bambino, rimase intrappolato in una casa che prese fuoco accidentalmente. Fu salvato appena in tempo da due coraggiosi pompieri, ma dovette andare in ospedale per diverse operazioni a causa delle sue gravi ustioni. Ora aveva una brutta cicatrice dal lato sinistro del collo fino al braccio sinistro.

Alex era molto timido a scuola perché era imbarazzato dal suo aspetto. La sua uniforme scolastica non nascondeva completamente le sue cicatrici e spesso veniva preso in giro perché aveva un aspetto diverso dagli altri bambini. Gli altri bambini non pensavano mai a cosa provava Alex.

"Alex, l'uomo rettile", lo prendevano in giro con cattiveria. Avrebbe voluto essere più grande e più forte per avere il coraggio di reagire quando veniva preso in giro. Invece, se ne andava via in silenzio per trovare un posto dove poter stare da solo, lontano dai commenti crudeli degli altri bambini.

Un giorno il giardiniere della scuola vide Alex che veniva preso in giro e gli si avvicinò.

"Vedo che la tua vita non è facile", disse il giardiniere con una voce piena di calore e simpatia. "Forse sarebbe d'aiuto se condividessi con te una piccola storia".

Alex annuì.

"C'era una volta una casa", cominciò il vecchio, "che dall'esterno sembrava un posto decrepito e orribile. Il tetto era pieno di ruggine e la vernice si stava staccando dalla parete anteriore. Anche le tubature erano arrugginite e perdevano acqua ogni volta che pioveva forte. All'interno era molto piccola e la zona cucina era angusta. Non aveva nemmeno una TV".

"Tuttavia c'era un bel camino accogliente che brillava con un fuoco grande e caldo e un divano davvero comodo su cui i visitatori dormivano la notte. I vicini e molti amici passavano spesso. Rimanevano svegli fino a tardi, rannicchiati intorno al camino, condividendo storie e divertendosi molto".

"E così", finì il vecchio, "anche se la casa non aveva un bell'aspetto dall'esterno, all'interno era un posto molto amato. E questo è ciò che contava per davvero".

Alex capì. Non importava che avesse una brutta cicatrice e che fosse preso in giro a scuola, perché ciò che contava davvero era che tipo di persona fosse all'interno. Ben presto i bambini che lo prendevano in giro smisero di farlo, perché videro che Alex non si arrabbiava più. Un altro gruppo di bambini cominciò a giocare con lui e, alla fine, lo accettò come un buon amico.

Alex aveva imparato ad accettarsi per quello che era e, con questo, riuscì a trovare una sicurezza interiore. Gli altri se ne erano resi conto e lo rispettavano per questo.

Vi siete mai sentiti come Alex?

Siete capaci di accettarvi e amarvi così come siete?

Discutete questa storia con i vostri genitori: come dovreste comportarvi se gli altri bambini cominciano a prendervi in giro?

UN RACCONTO SULLA CONSAPEVOLEZZA

C'era una volta un gruppo di bambini seduti assieme in una radura della foresta. Si erano riuniti per ascoltare un saggio maestro, conosciuto come il Buddha, che stava visitando il loro villaggio.

Il Buddha raccolse una bella rosa rossa e la mise davanti ai bambini. Non disse nulla e tutti rimasero perfettamente immobili. Reggeva il fiore con un gesto molto gentile e nobile, con il pollice e l'indice che tenevano lo stelo in modo che seguisse la forma della sua mano. Tenne la rosa in questo modo per molto tempo, senza dire nulla. Tutti si chiedevano cosa volesse dire il maestro con questo gesto.

Alla fine il Buddha guardò i bambini e sorrise. "Bambini", disse, "questa rosa è una cosa meravigliosa e bellissima. Mentre la tengo in mano voi avete la possibilità di farne esperienza. Avete la possibilità di entrare in contatto con una realtà meravigliosa, di entrare in contatto con la vita stessa".

Potreste chiedervi: "Come mai sta tenendo questa rosa? Qual è il significato di questo?". Tuttavia, se la vostra mente è occupata da questi pensieri, non potete percepire veramente il fiore. Allo stesso modo, essere persi nei pensieri è una delle cose che ci impedisce di avere un vero contatto con la vita. Se siete presi dalla frustrazione, dall'ansia, dalla preoccupazione o dalla gelosia, perderete la possibilità di entrare in contatto con tutte le meraviglie della vita".

"Ci sono persone che possono attraversare una foresta senza mai vedere veramente un albero. Allo stesso modo, sebbene la vita sia piena di sofferenza, contiene anche molte meraviglie, che molte persone non colgono".

"Quindi siate consapevoli, in modo da poter vedere sia le sofferenze che le meraviglie della vita. Solo allora entriamo profondamente in contatto con la vita. Allora capirete la vita e questa comprensione vi porterà ad amare e apprezzare tutto ciò di cui facciamo parte".

I bambini erano profondamente commossi dalle parole dell'insegnante e ognuno di loro fece la promessa di vivere una vita consapevole, la promessa di apprezzare le meraviglie della vita che incontravano ogni giorno, come la bellissima rosa.

Quando è stata l'ultima volta che hai notato un bel fiore, o qualsiasi altra cosa che ti ha ricordato la meraviglia della vita?

Quando vi perdete nei pensieri, notate e osservate il sorgere della preoccupazione o della frustrazione. Provate a stabilire un vero contatto con la vita e osservate come questo può cambiare il modo in cui vi sentite.

UN RACCONTO SULLA GRATITUDINE

In cima alle montagne innevate tra India, Nepal e Cina si trova un paese conosciuto come Tibet. Nella regione centro orientale di questo paese c'è un piccolo villaggio chiamato Valle della Felicità. La gente del villaggio non ha elettricità, né auto o autobus, né telefono, né televisione, né giocattoli. Non hanno nemmeno le case. Vivono nelle tende che costruiscono con le pellicce di yak.

In questo villaggio vive una famiglia di quattro persone. Il padre si chiama Yeshe e la madre si chiama Tara. Hanno due figli, un bimbo chiamato Yori di sei anni e una bambina chiamata Chimey, che ne ha quattro.

Ogni mattina, Yori si alza alle sei, fa colazione e passa il resto della giornata a pascolare duecento yak sulle montagne. Gli yak corrono dappertutto, così lui corre costantemente dietro a loro, cercando di tenerli insieme. In questo modo per tutto il giorno non ha quasi mai la possibilità di riposare. Yori non riesce a mangiare finché non ritorna a casa per cena. Ogni sera apprezza molto la sua cena e ringrazia sua madre per averla preparata.

Sua sorella Chimey si alza alle sette, fa colazione e deve camminare molto a lungo per arrivare fino al fiume e prendere l'acqua, perché il fiume è la fonte d'acqua corrente più vicina. Essendo piccola, Chimey può portarne solo una piccola quantità alla volta, quindi deve camminare per tutto il giorno avanti e indietro dalla loro tenda al fiume finché non raccoglie abbastanza acqua. Il terreno è molto scivoloso siccome è coperto di neve e Yori e Chimey hanno molto freddo perché la temperatura a volte scende a meno trenta gradi.

Tuttavia Yori e Chimey apprezzano il cibo che mangiano e l'amore della loro famiglia e per questo sono molto felici. Crescono contenti e imparano a prendersi cura l'uno dell'altro, della loro famiglia e dei loro amici. Sono poveri, eppure conducono una vita felice e sana perché hanno imparato a lavorare l'uno per l'altro e non solo per se stessi.

C'è un'altra famiglia che vive lontano dal Tibet, in una zona ricca di Melbourne vicino al mare. In questa famiglia ci sono due bambini, un bambino di nome Peter, che ha tre anni, e una bambina di nome Carly, che ne ha cinque. Ognuno di loro ha la propria camera da letto con un televisore, un computer e molti libri e giocattoli con cui giocare. A Natale e per il loro compleanno ricevono molti regali meravigliosi e ogni anno la famiglia va in vacanza all'estero, in paesi come l'Inghilterra, l'Italia e la Grecia.

Man mano che i bambini sono diventati più grandi hanno iniziato a non andare più in spiaggia così di frequente come prima. Restano invece nelle loro stanze a guardare film o a chattare su internet. Peter chiede ai figli del vicino di giocare con lui in giardino, ma loro gli dicono di lasciarli in pace. Peter impara presto a divertirsi giocando al computer da solo. Loro padre è sempre più impegnato al lavoro e non torna a casa fino a molto tardi, mentre la mamma è spesso fuori per riunioni.

Con il tempo la famiglia si allontana e non trascorre più tanto tempo insieme. Ognuno ha il suo modo di divertirsi e non ha bisogno della compagnia degli altri. Peter è diventato molto silenzioso e non parla molto perché si è abituato a passare il tempo da solo a giocare al computer. Carly passa la maggior parte del suo tempo a chiamare i ragazzi e ad uscire la sera fino a tardi, passeggiando per le strade con i suoi amici e a volte ubriacandosi. Dato che la mamma è così occupata a lavorare in diversi comitati, non si accorge di quello che sta succedendo alla sua famiglia, così si limita ad assicurarsi solamente che abbiano molti vestiti nuovi e soldi per uscire. In apparenza può sembrare che questa famiglia abbia tutto, tutte le cose materiali che dovrebbero renderci felici. Tuttavia, col tempo sono diventati distanti, soli e isolati. Hanno perso di vista tutte le molteplici cose per cui sono fortunati e non riescono a vedere l'importanza di prendersi cura l'uno dell'altro: ciò li ha resi incapaci di sperimentare la vera felicità.

Come pensate che la famiglia di Melbourne avrebbe potuto agire diversamente se fosse stata più consapevole di tutte le cose per cui è fortunata?

Come potete diventare più consapevoli delle vostre fortune?

Come potete ricordare a voi stessi di essere grati per quello che avete e di sfruttarlo al meglio?

Alla fine di ogni giorno potreste provare a tenere un diario di tutte le cose di cui siete grati. Forse potreste chiedere a mamma e papà di aiutarvi in questo.

Un racconto sulla compassione

C'era una volta una famiglia di quattro persone, composta da madre, padre, figlio e figlia. Il nome del ragazzo era Adam e la ragazza si chiamava Anne. Purtroppo il padre era un alcolizzato e la madre una tossicodipendente. A causa delle dipendenze dei genitori la famiglia era molto povera e spesso non potevano nemmeno permettersi le cose basilari per vivere, come cibo e vestiti.

Poiché non possedevano una macchina e non avevano soldi per nessun altro mezzo di trasporto, i bambini andavano all'unica scuola che era raggiungibile a piedi da casa loro. La scuola non era molto buona. Gli insegnanti non erano molto attenti, gli edifici erano fatiscenti e le classi erano sovraffollate. Era difficile per i bambini imparare.

A volte la famiglia non aveva da mangiare, la dispensa era completamente vuota. In queste occasioni Adam e Anne andavano insieme alla chiesa locale per prendere del cibo. Diventarono buoni amici con il prete della chiesa, che era molto gentile e compassionevole. Ogni volta che erano insieme, il prete insegnava la gentilezza e la compassione ai bambini e loro mettevano in pratica i suoi consigli nella vita quotidiana.

"Praticare la compassione produce forza interiore e calma", diceva il prete. "Sarete in grado di aiutare gli altri, ma anche se non ci riuscite non importa, perché sarete voi i veri vincitori. Agendo in modo compassionevole ne trarrete beneficio il 100% delle volte".

Dopo aver riflettuto a lungo, Adam e Anne capirono che questo doveva essere vero. Cercarono di praticare la compassione ovunque andassero e verso chiunque, anche verso le persone nei confronti di cui non provavano simpatia. Mettevano sempre gli altri prima di se stessi. Cercavano di immaginare come si sarebbero sentiti se si fossero trovati nei panni delle altre persone. Ogni giorno mettevano in pratica ciò e presto scoprirono che avevano dimenticato i loro problemi perché pensavano sempre agli altri. Di conseguenza svilupparono una maggiore forza interiore e non furono mai tristi per via della loro situazione.

Questa pratica della compassione iniziò a casa. I loro genitori litigavano spesso e la loro mamma era spesso depressa. Adam e Anne cercavano entrambi di dirle che le cose sarebbero migliorate e che lei non era una cattiva madre. Sebbene il padre a volte si arrabbiasse con loro, cercavano di non avercela con lui. Aveva molto stress e preoccupazioni nella sua vita e, anche se le sue azioni erano cattive, sapevano che era una brava persona che, in fondo, voleva solo che lui e la sua famiglia fossero felici.

Adam e Anne divennero molto conosciuti e rispettati nella loro comunità. Con il loro aiuto i loro genitori erano riusciti a superare le loro dipendenze. Avevano poi continuato ad aiutare gli amici dei loro genitori che avevano problemi simili. Visitavano spesso gli anziani e i malati ed erano sempre gentili con i loro vicini. Un giorno un giornalista televisivo sentì parlare di Adam e Anne e decise di trasmettere una storia sui "ragazzi compassionevoli".

Come risultato della visibilità televisiva, furono raccolti molti soldi dalla comunità per permettere ad Adam e Anne di ricevere una buona istruzione. Frequentarono così un'ottima scuola e poi l'università, ottenendo entrambi ottimi voti. Una volta completata la loro istruzione, ritornarono nella loro comunità e diventarono dei grandi insegnanti. Insegnarono agli altri tutto ciò che loro stessi avevano imparato: possiamo cambiare qualsiasi cosa in meglio se pratichiamo la compassione. Possiamo cambiare il modo in cui ci comportiamo con i nostri genitori, con i nostri amici, così come con i perfetti sconosciuti e possiamo anche cambiare il mondo in qualche maniera, seppure piccola.

Vi piacerebbe vivere una vita basata sulla compassione come Adam e Anne?

Cosa vi perdereste se pensaste sempre agli altri prima di voi stessi?

Cosa guadagnereste?

Come potreste iniziare oggi ad agire con compassione nella vostra vita?

UN RACCONTO SPECIALE PER BAMBINI PIÙ GRANDI - UN RACCONTO SULLA LIBERTÀ INTERIORE

Nella città di T'ien-chu c'erano due ragazzi cinesi che studiavano nella stessa scuola ed erano buoni amici. Uno si chiamava Fuzu e l'altro Jujan. Entrambi i loro padri erano stati uccisi dai soldati del governo cinese. Entrambi i ragazzi avevano una pesante tristezza nei loro cuori.

Chiesero a molti adulti perché i loro padri erano stati uccisi. Questi rispondevano "Purtroppo in questo paese non abbiamo le leggi che proteggono i diritti umani e non abbiamo una vera libertà".

Molte volte chiesero agli adulti: "Come possiamo raggiungere la libertà?" Alcuni risposero che non avrebbero mai potuto raggiungere la libertà, credendo che il popolo sarebbe stato per sempre sotto il controllo del governo e che ciò era un dato di fatto che dovevano semplicemente accettare. Altri dissero che, se avessero imparato la legge, allora forse avrebbero potuto ottenere un po' di libertà.

Volendo trovare una risposta alla loro domanda, entrambi i ragazzi decisero di studiare legge dopo essersi diplomati al liceo. Tuttavia, si resero presto conto che, sebbene in teoria la legge fosse giusta ed equa, ciò che era scritto non sempre veniva messo in pratica. Purtroppo molti funzionari del governo e della polizia erano corrotti. Se qualcuno denunciava un crimine, spesso non vi si dava seguito perché qualcun altro pagava una tangente per fermare la denuncia. I due ragazzi si resero conto che capire la legge non serviva a molto - serviva di più avere soldi. Smisero quindi di studiare legge perché pensavano che fosse inutile.

Un giorno i due ragazzi organizzarono un incontro con un politico in pensione che aveva un'ottima conoscenza del diritto internazionale e della politica. Gli fecero la stessa domanda: "Come possiamo raggiungere la libertà?"

Lui rispose: "Se volete la libertà individuale, dovete emigrare in un paese democratico come la Svizzera o gli Stati Uniti. Tuttavia, se volete la libertà interiore, dovete chiedere a un monaco molto esperto e saggio; lui ve lo saprà dire."

Fuzu non capiva cosa intendesse il politico con "libertà interiore", anche se capiva molto bene cosa significasse la libertà individuale. Disse a Jujan: "Voglio trasferirmi a Shanghai e poi cercare di arrivare in America. Vuoi venire con me?"

Jujan rispose: "Prima di cercare la libertà individuale in un paese occidentale, forse dovremmo prima scoprire cos'è la libertà interiore".

Fuzu non era d'accordo, così andò a Shanghai da solo e poi si procurò un visto turistico per l'America. Una volta in America riuscì ad ottenere un visto per rifugiati.

All'inizio Fuzu pensò che la sua nuova vita in America fosse fantastica. Era molto contento del sistema politico e delle molte opportunità che c'erano per vivere la vita che voleva. Trovò un buon lavoro e sposò una donna americana dalla quale ebbe quattro figli. Voleva molti figli perché in Cina era concesso averne soltanto uno.

Tuttavia, nonostante le loro libertà individuali, Fuzu e sua moglie non erano contenti di ciò che avevano. Questa insoddisfazione alla fine causò una rottura nel loro matrimonio, che si concluse con un divorzio. Successivamente Fuzu si risposò due volte, ma le cose peggiorarono e non migliorarono. Ebbe molti figli con le diverse donne che aveva sposato, ma raramente fu in grado di trascorrere del tempo con loro perché erano impegnati con le loro vite. La sua vita risultò essere molto stressante e solitaria. Alla fine si rivolse all'alcol e alle droghe per aiutarlo a far fronte alla sua situazione. Sia la sua salute mentale che quella fisica peggiorarono sempre di più a causa di ciò.

Nel frattempo, Jujan organizzò un incontro con un monaco cinese e gli chiese come poteva raggiungere la libertà interiore.

Il monaco rispose: "Non posso darti una risposta immediata ma, se diventi un monaco, forse scoprirai da solo cosa significa libertà interiore". C'è un monastero tibetano chiamato Zamthang nella provincia di Shechuan dove potresti andare. Ho visitato questo monastero qualche anno fa e ne sono rimasto molto colpito. L'unico problema, però, è che non parlano cinese, solo tibetano".

Jujan ringraziò il monaco per il suo consiglio. Si sentì così ispirato quando sentì il nome di questo monastero che partì immediatamente, viaggiando in autobus e poi in camion. Quando arrivò e incontrò l'abate, Lama Lobsang, fu incredibilmente commosso. Guardando negli occhi del Lama, comprese che questi conosceva il segreto di una libertà interiore più profonda di quanto lui avesse mai potuto immaginare. Ben presto Jujan disse al Lama che desiderava dedicare la sua vita al raggiungimento della libertà interiore.

Il Lama rispose: "Sei sicuro? Non c'è garanzia di quanto tempo ci vorrà; ma, se questo è il tuo desiderio, devi studiare la lingua tibetana e la pratica buddista".

Jujan era determinato. Fu ordinato come monaco buddista e studiò diligentemente la lingua tibetana e anche il buddismo con l'aiuto di un traduttore. Dopo tre anni di studio fu in grado di leggere e comunicare fluentemente in tibetano. Poi dedicò otto anni allo studio, alla pratica e alla meditazione del buddismo. Divenne un ottimo esempio di monaco buddista.

Un giorno le autorità cinesi visitarono il monastero di Jujan, come facevano con tutti i monasteri tibetani, e ordinarono a tutti i monaci di firmare un modulo. Il modulo era scritto in cinese, quindi i monaci non avevano idea di cosa stessero firmando; fu detto loro solo che si trattava di un accordo contro i "nemici del nostro paese".

Jujan lesse il modulo e fu molto turbato nello scoprire che i cinesi stavano nascondendo la vera intenzione e il significato contenuti nel modulo. Era infatti una dichiarazione che i monaci erano contro il Dalai Lama, il leader spirituale buddista. Jujan si rifiutò di firmare il modulo e disse agli altri monaci di rifiutare anche loro di farlo. Poi si scontrò con uno dei funzionari cinesi. Questi cercarono di arrestare Jujan, ma lui oppose resistenza e alcuni degli altri monaci cercarono di aiutarlo. Dopo aver lottato così per alcuni minuti, riuscì a liberarsi dalle autorità e a fuggire, pensando che questa fosse la sua migliore opzione. In seguito a questo incidente sapeva che non era sicuro tornare al monastero, così decise di raccogliere le sue cose e unirsi a un piccolo gruppo di tibetani che stavano attraversando a piedi le montagne dell'Himalaya sperando di fuggire in India.

I fuggitivi dovettero prendere un percorso lungo per evitare i soldati cinesi e il viaggio finì per durare un mese e mezzo. Molti furono si ferirono lungo la strada, poiché i sentieri erano molto accidentati e scivolosi, coperti di ghiaccio, neve e talvolta da una fitta macchia spinosa. Durante il percorso Jujan si innamorò di una ragazza tibetana del gruppo, Pema. Essendo stata in una scuola cinese, lei parlava correntemente il cinese. Cominciarono a parlare tra loro e presto scoprirono di avere molte cose in comune.

Dopo molte avventure, arrivarono all'accoglienza dei rifugiati tibetani in Nepal e poi proseguirono per l'India. Quando finalmente arrivarono, dovettero iscriversi ad una scuola per adulti, dove più di mille rifugiati tibetani adulti venivano nutriti, protetti ed educati gratuitamente. Solo un piccolo numero di studenti erano donne, perché generalmente era più facile per gli uomini viaggiare per lunghe distanze e, quindi, non vi era un gran numero di donne.

Un giorno un uomo con molto denaro e con uno status sociale elevato si innamorò della ragazza di Jujan e la coppia si separò. Il cuore di Jujan era completamente spezzato. Non riusciva a studiare né a dormire. Lasciò la scuola, ma non aveva un posto dove vivere e non aveva cibo, così andò in un monastero e mendicò del cibo, dormendo nella foresta per alcune settimane. Ben presto decise che non poteva continuare a vivere così.

Pensò tra sé e sé "Ho passato così tante pene e sofferenze. Non mi importa più di tanto dei soldi, delle fidanzate o di quello che gli altri pensano di me. Ora vedo che in verità queste cose non sono la vera fonte della felicità. Voglio solo vivere una vita semplice e tornare al mio obiettivo originale. Quello che desidero più di tutto è trovare la libertà interiore".

Andò all'ufficio del Dalai Lama e loro accettarono di dargli regolarmente del denaro per il cibo e per le altre necessità di base se avesse praticato in maniera autentica. Gli offrirono di vivere in una delle capanne di ritiro in alto nella foresta della montagna. Rimase lì per quindici anni, concentrando completamente la sua mente e scoprendo il pacifico stato naturale della mente che è libero dal controllo dei pensieri e delle emozioni.

La maggior parte degli individui ha emozioni incontrollate, quindi se, per esempio, qualcuno è abbastanza sfortunato da farsi rubare una proprietà personale, da ammalarsi o da dover porre fine ad una relazione stretta, sarà normalmente molto triste o depresso. Controllati come sono dalle loro emozioni, reagiranno così, ma Jujan aveva superato il controllo che le sue emozioni avevano su di lui. Si riprese completamente dal suo dolore e non fu più schiavo dei capricci delle sue emozioni. Poteva vivere con pochissimo cibo per il sostentamento ed essere completamente felice da solo. Poteva persino curare tutte le sue malattie senza l'aiuto di un medico. Quando seppe che la sua famiglia era morta non si turbò; si rese conto che la morte è una parte inevitabile della vita e la accettò con compassione e umiltà. La storia di Jujan si diffuse in tutta l'India e divenne molto famoso. Non permetteva ai visitatori di andare da lui, ma molti giornalisti e turisti lo fotografavano da lontano.

Un giorno ricevette una lettera da un grande tempio cinese in America, che gli chiedeva di visitare e benedire il loro tempio, oltre che di tenere alcuni insegnamenti. Accettò l'invito perché ebbe una visione che avrebbe incontrato il suo vecchio amico Fuzu ed era contento di poter parlare delle sue esperienze per la prima volta nella sua lingua madre.

Quando arrivò in America ed entrò nel tempio eseguì alcune cerimonie per benedire il luogo e diede alcuni insegnamenti. Molte persone vennero ad ascoltarlo. A quel tempo Fuzu stava attraversando una grande sofferenza mentale e perciò cercava un conforto spirituale. Per questo motivo venne al tempio. Non aveva idea che il suo vecchio amico Jujan sarebbe stato lì e rimase stupito quando lo vide. Jujan permise a Fuzu di passare la notte con lui nel tempio. Per tutta la notte parlarono di come Fuzu avesse trovato la libertà individuale, mentre Jujan aveva scoperto la libertà interiore.

Di cosa avete bisogno per raggiungere la libertà individuale? Di cosa avete bisogno per trovare la libertà interiore?
Quale pensate sia la forma più preziosa di libertà?
Come possiamo imparare ad avere il controllo della nostra felicità?
Come potreste trovare la libertà interiore nella vostra vita senza andare in un monastero o lasciare la vostra situazione attuale?

Rileggete tutte queste storie più volte per capire meglio i loro significati nascosti. Imparate le qualità della felicità e fate del vostro meglio per metterle sempre in pratica, in modo da poter condurre una vita realmente felice.

Prendere la direzione giusta

Credo profondamente nell'importanza di insegnare messaggi importanti agli adolescenti, perché questo è un periodo cruciale nella vita di una persona e abbiamo solo una possibilità di fare la cosa giusta. Se perdiamo questa opportunità non ne avremo mai un'altra. Perciò se avete un figlio o una figlia adolescente spero che possiate incoraggiarli a leggere questo capitolo. Se voi stessi siete in questa fascia d'età, vi esorto a riflettere attentamente sul contenuto di questo capitolo.

Da adolescenti siamo giovani, intelligenti e pieni di energia, così possiamo prendere decisioni che ci porteranno ad avere grandi esperienze di vita, a sviluppare una grande saggezza e ad avere un forte impatto sul mondo. D'altra parte, poiché siamo inesperti, ci può mancare saggezza e questo significa che possiamo prendere decisioni che danneggeranno o ridurranno il nostro potenziale e causeranno grandi sofferenze a noi stessi o a coloro che ci circondano.

È opinione comune che gli adolescenti non ascoltino mai i consigli degli anziani perché sono troppo distratti, troppo orgogliosi o non apprezzano abbastanza le opinioni delle generazioni più vecchie. Non credo che ciò sia necessariamente vero, tuttavia ho osservato che i giovani, a volte, si sentono orgogliosi di ciò che hanno imparato e sperimentato finora nella loro vita relativamente breve e, pertanto, si sono riluttanti ad accettare di avere ancora molto da imparare. Questo può essere un segno che mancano di saggezza, perché più siamo saggi, più vogliamo imparare dagli altri.

È mio profondo desiderio che tu legga questo capitolo e analizzi ciò che ha da dire. Dopo tutto, indipendentemente dal fatto che tu sia un adolescente o meno, non c'è dubbio che, come tutti, stai cercando di raggiungere la felicità ed evitare la sofferenza nella tua vita.

COME SVILUPPARE LA CONCENTRAZIONE

Come ho detto prima, le cause fondamentali della felicità rimangono le stesse sia che abbiamo un anno o cento anni, ma, da adolescenti, abbiamo delle sfide speciali da affrontare e decisioni da prendere. Dobbiamo quindi porre l'accento su alcune qualità specifiche.

Molti adulti provano un grande rimpianto quando ripensano alla loro adolescenza. Notano la quantità di tempo ed energia che hanno sprecato e desiderano tornare ad essere adolescenti per fare tutto in maniera diversa, ma non è possibile tornare indietro nel tempo. Perciò è incredibilmente importante essere consapevoli delle opportunità speciali che l'adolescenza ci offre e usarle con saggezza.

A volte sembra strano che gli adolescenti, che a causa della loro giovinezza hanno naturalmente così tanta energia e intelligenza, tendano a sprecarla molto di più delle persone più grandi. Cosa fa sì che gli adolescenti si comportino così? Credo che ciò avvenga perché spesso a questa età ci manca la concentrazione interiore e, quindi, veniamo facilmente distratti da tutto quello che succede intorno a noi. Ci facciamo prendere dai prodotti della cultura popolare, come i film e internet. Il nostro corpo subisce una trasformazione radicale e questa nuova cosa chiamata "amore romantico" assorbe molto del nostro tempo e della nostra energia.

È naturale che vogliamo piacere al nostro gruppo di amici e sperimentiamo molte cose nuove, ma siamo appena all'inizio del viaggio della vita, perciò possiamo essere emotivamente immaturi. Le relazioni a breve termine possono essere una caratteristica di questo periodo perché ci annoiamo molto facilmente o abbiamo aspettative irrealistiche. La noia è comune perché siamo così dipendenti dagli stimoli esterni - se non abbiamo abbastanza stimoli è probabile che perdiamo interesse, poiché il nostro bisogno di cose esterne che ci soddisfino è maggiore della nostra spinta a imparare.

È strano che siamo così presi da preoccupazioni esterne quando la nostra visione del mondo e la portata della nostra conoscenza sono così limitate! Questo non significa che siamo stupidi. Significa tuttavia che, a causa della nostra relativa mancanza di esperienza di vita, abbiamo difficoltà a individuare su cosa è importante concentrarsi e su cosa no. Finché non avremo sviluppato una visione abbastanza matura disperderemo la nostra energia su qualsiasi cosa ci capiti. Inoltre, la nostra mente può essere così sopraffatta dalle emozioni che spesso non ci preoccupiamo delle conseguenze delle nostre azioni perché non ci rendiamo davvero conto di quali siano. Pertanto la cosa più importante per voi, come adolescenti, è considerare attentamente la motivazione dietro alle vostre azioni e le loro conseguenze.

Esercizio: ecco un semplice esercizio che vi aiuterà a pianificare il futuro e a migliorare la vostra concentrazione. Ogni giorno, magari alla mattina presto o come ultima cosa prima di andare a letto, dedicate cinque minuti per pensare a ciò che avete fatto quel giorno. Passate questo tempo a riflettere sulle decisioni che avete preso e sulle azioni che avete intrapreso. Per esempio, c'era qualcosa vi ha turbato o vi ha fatto arrabbiare? Come avete affrontato le emozioni che avete provato? Come hanno influenzato le vostre azioni o decisioni? Pensate attentamente alle probabili conseguenze a breve e lungo termine delle vostre azioni. Pensate a tutte le vostre decisioni e a tutte le vostre azioni, non importa quanto piccole o grandi possano sembrare. Questo aiuterà la vostra concentrazione mentale a lungo termine e la capacità di pianificare meglio il vostro futuro.

COSA VOGLIO FARE NELLA MIA VITA?

Da adolescenti siamo come un nuovo germoglio che inizia a schiudersi in primavera. Abbiamo la bellezza e la freschezza della gioventù e la possibilità di una vita piena e ricca davanti a noi. Tutte le meravigliose possibilità della vita sono nostre. Possiamo diventare ricchi e famosi, un leader mondiale o un eroe. Possiamo contribuire a ridurre il riscaldamento globale, curare malattie che rendono la vita difficile o prevenire la fame. Abbiamo tutte queste possibilità a portata di mano - tutto è possibile! Eppure sembra così difficile sapere cosa fare. Come facciamo a sapere quale strada prendere? Chi scegliamo come modello? Come facciamo ad arrivare dove vogliamo? Quali sono i vantaggi che otterremo quando arriveremo dove ci siamo prefissi? Ciò che stiamo cercando, in definitiva, è la nostra identità, che è ovviamente una cosa molto significativa da cercare.

Poiché siamo così facilmente distratti, spesso tendiamo a trovare qualcosa di comodo e poco impegnativo per impegnare o svagare la nostra mente. Spesso passiamo ore interminabili chattando su internet, inviando messaggi di testo oppure ascoltando musica. Le nostre menti vengono addestrate a comportarsi in questo modo, cercando sempre il piacere e la distrazione verso l'esterno piuttosto che verso l'interno. Troviamo molto difficile stare solo con noi stessi o pensare a progetti per il nostro futuro. Anche quando cerchiamo di immaginare il futuro e le possibilità che ci si aprono, è facile immergersi nella fantasia o seguire semplicemente quello che fanno i nostri amici.

Ecco quindi alcuni consigli pratici da considerare quando si decide il proprio futuro:

1. **Avete le qualità necessarie per raggiungere l'obiettivo prescelto?**

Se volete diventare un cantante o un attore famoso, è probabile che abbiate bisogno di un bell'aspetto, di una voce melodiosa e della capacità di lavorare molto duramente, oltre che di fortuna! Dovete chiedervi: "Possiedo davvero tutti questi attributi?"; "Ho la fiducia e la determinazione per perseguire questo obiettivo?"; "Sono sicuro che non mi arrenderò a metà strada perché è troppo difficile?"; "Ho la diligenza e la perseveranza per raggiungere i miei obiettivi?"; "Sto perseguendo questo obiettivo perché lo voglio veramente e non perché qualcun altro se lo aspetta da me?"

Se la vostra risposta è "sì" a queste cinque domande, allora potete provarci! Avete ciò che serve e,quindi, avrete molte probabilità di avere successo. Se, invece, non siete sicuri di nessuna di queste domande, allora è improbabile che valga la pena perseguire questo tipo di obiettivo e, forse, state solo inseguendo una fantasia e sprecando le vostre energie. Se tutto il vostro prezioso tempo ed energia vengono sprecati, vi sarà difficile raggiungere qualcos'altro.

2. Questo obiettivo vi porterà beneficio per tutta la vita?

Se siete abbastanza sicuri e determinati a raggiungere un obiettivo specifico e questo obiettivo è realistico, allora è probabile che lo raggiungerete, tuttavia, dovete riflettere attentamente se questo obiettivo vi porterà benefici e sarà ancora significativo col passare degli anni.

Se il vostro obiettivo è quello di diventare un cantante famoso o una star dello sport, per esempio, dovreste considerare attentamente le conseguenze del focalizzare tutte le vostre energie nella realizzazione di un tale sogno. Prima di tutto dovete considerare che solo pochissime persone eccezionali possono guadagnarsi da vivere con questo tipo di carriera e potreste condannarvi a una vita di grandi difficoltà finanziarie. Inoltre può essere molto difficile avere stabilità se dovete costantemente spostarvi per trovare lavoro e poi, se avrete successo, quando diventerete più vecchi le vostre capacità potrebbero non essere più richieste.

Potreste, quindi, avere difficoltà a condurre una vita normale, specialmente se avete vissuto in un mondo ovattato e non avete mai sperimentato molte difficoltà.

Può sembrare strano, ma in Tibet alcuni monaci e suore sono persone famose, a livello delle star del cinema nella cultura occidentale. Personalmente non ho mai voluto diventare un Lama famoso in Tibet perché avrei dovuto sempre agire in un determinato modo ed essere estremamente attento alla mia condotta. Sarei stato sempre circondato da molte persone e sarebbe stato impossibile stare tranquillo e vivere normalmente.

Avete davvero pensato a come il perseguimento e il raggiungimento del vostro obiettivo influenzerà la vostra vita? Siete ancora determinati a raggiungere questo obiettivo e pensate che vi offrirà una vita significativa? Ci sono modi migliori per perseguire una vita significativa? Se siete timidi e non vi trovate a vostro agio a vivere la vita d una persona famosa, allora state sprecando il vostro prezioso tempo e la vostra energia a fantasticarci sopra. Prendete atto di ciò e cominciate a guardare le innumerevoli altre possibilità, analizzando attentamente ognuna di queste opzioni; in seguito, quando avrete scelto l'obiettivo che fa per voi, concentratevi con forte determinazione nel raggiungerlo. Se avrete dei ripensamenti o dubiterete di voi stessi, allora potreste confondervi e perdere di vista la vostra strada.

Se trovate troppo difficile dedicare completamente la vostra vita a qualcosa senza avere mai alcun dubbio, allora dovete pianificare di raggiungere ciò che volete per gradi. Anche se è bene essere sicuri che sarete in grado di conseguire i vostri obiettivi ideali, è sempre meglio anticipare le difficoltà e avere un piano di riserva. Se non riuscite a raggiungere il vostro obiettivo più alto non dovreste scoraggiarvi perché il vostro piano dovrebbe includere molti livelli diversi di traguardi, incluso lo scenario peggiore. Dovreste avere le aspirazioni più alte, ma anche essere pronti ad accontentarvi del risultato peggiore. Ma non smettete mai di provare!

È facile pensare che, se lavoriamo duramente, la nostra vita sarà più difficile. Dobbiamo sempre ricordare a noi stessi, tuttavia, che può essere vero il contrario, poiché la nostra vita potrà effettivamente diventare più facile nel lungo periodo se lavoriamo duramente e potremo persino raggiungere una fase in cui ciò che una volta sembrava molto difficile non richiederà alcuno sforzo. D'altra parte, se siamo pigri o noncuranti, la nostra vita può sembrare facile ma, in realtà, si rivelerà molto più difficile. Una parola di cautela, però. Per alcune persone c'è il pericolo di essere troppo concentrati sull'obiettivo e, quindi, trascurare la famiglia, gli amici e altri aspetti importanti della vita ma, per la maggior parte di noi, mettere molta energia nel perseguimento del nostro obiettivo principale è un'attività molto utile e preziosa, a patto di non dimenticarci di queste altre dimensioni della vita.

La disciplina del duro lavoro costante può anche migliorare la nostra capacità di focalizzare l'attenzione e concentrarci. Lavorando duramente a qualcosa che consideriamo utile possiamo diventare più efficienti e più chiari nel nostro pensiero e, alla fine, potremo sperimentare un innato senso di gioia e soddisfazione mentre saremo assorbiti da un compito specifico. Quando diventeremo più efficienti, troveremo più facile provvedere ai nostri bisogni materiali e potremo, quindi, scegliere di utilizzare ciò come base per semplificare la nostra vita e dedicare il nostro tempo ad altre attività importanti, come coltivare amicizie, sviluppare nuovi interessi e abilità, o persino scegliere di condurre una vita spirituale. Parlerò di più su questo argomento nei capitoli seguenti.

Prima di procedere, ecco una breve storia che illustra l'importanza della determinazione. Spero che capirete perché le vite dei due personaggi principali hanno avuto risultati così diversi e riuscirete a comprendere l'impatto delle scelte che hanno fatto quando erano giovani.

UN RACCONTO SULLA DETERMINAZIONE

Ci sono due ragazzi che studiano insieme nel Tibetan Children's Village (TCV) a Dharamsala, nel nord dell'India, che è simile a un collegio per giovani tibetani. Tenzin è nato a Dharamsala ed è cresciuto lì, mentre l'altro ragazzo, Jigme, è nato a Golok, una provincia del Tibet. I due ragazzi sono molto competitivi e sono sempre in competizione tra loro nello studio.

I tibetani e molti asiatici credono che i paesi occidentali offrano molte più opportunità, specialmente quando si tratta di lavoro e di studio. Quando Tenzin crescerà, suo padre, che è un funzionario del governo tibetano, potrà mandarlo in Svizzera per avere un'istruzione e una vita migliore. Tenzin ne parla a Jigme, vantandosi del fatto che avrà un futuro di gran lunga di maggior successo del suo compagno di scuola.

Anche se Jigme è irritato perché non avrà le opportunità concesse a Tenzin, si ripromette di studiare molto duramente per stare al passo del suo amico.

Quando Tenzin arriva in Svizzera si sente come se fosse in paradiso e non riesce a credere a quanto sia fortunato. Tutto è così bello e tutti i suoi bisogni sono facilmente soddisfatti. Quando va a scuola non ha problemi con la lingua perché ha studiato l'inglese in India. Pensa tra sè e sè: "Devo studiare molto duramente e ottenere una buona istruzione in modo da poter lavorare per il benessere del popolo tibetano in futuro".

Tuttavia, dopo alcune settimane di studio diligente, molte distrazioni gli fanno perdere la concentrazione. Poiché Tenzin non ha un carattere così forte, si preoccupa di altre cose e perde la sua determinazione a studiare. Spesso quando le persone si trovano di fronte a molte distrazioni e opportunità per divertirsi, iniziano a desiderare sempre più cose e perdono di vista i loro obiettivi originali, perché sono così concentrati sul piacere presente. Alla fine, non riuscendo a trovare un lavoro dopo aver completato i suoi studi, Tenzin cade in depressione. Inizia a bere pesantemente per aiutarsi ad affrontare la situazione. La sua vita diventa molto peggiore di quando viveva a Dharamsala.

Per Jigme trasferirsi in un paese occidentale è fuori questione, poiché è impossibile per lui ottenere un visto e ha pochissimi soldi. Continua a studiare molto duramente nella scuola del Tibetan Children's Village ma, dopo il diploma, non può iscriversi a ulteriori studi perché dovrebbe andare in una scuola indiana e pagare le tasse.

Così Jigme affitta una cucina molto semplice, dove dorme e vive, e si mantiene preparando e vendendo cibo. Ogni giorno si alza alle quattro del mattino e per due ore prepara il pane, che poi vende per strada. Torna a casa per studiare inglese avanzato, matematica e informatica, cosa che fa per corrispondenza. Dalle quattro fino alle sei di sera cucina i momo, che sono simili ai dim sims ma di forma più arrotondata, con dentro verdure o carne. Li vende ogni sera e poi continua a studiare fino a mezzanotte. Non ha attività divertenti o piaceri che lo distraggano. Di tanto in tanto si sente triste e solo, ma non ha mai tempo per soffermarsi su questo! Per più di cinque anni vive in questo modo, continuando a lavorare molto duramente.

Un giorno Jigme incontra una donna occidentale dai capelli grigi di nome Isobel che gli fa alcune domande mentre sta vendendo dei momo. Vanno molto d'accordo e, poco dopo, lei lo invita a cena fuori. Si scopre che Isobel viene dalla Svizzera, anche se visita regolarmente Dharamsala perché sta aiutando diversi politici tibetani nel suo paese. Quando chiede a Jigme qual sia il suo obiettivo, lui le dice che vorrebbe andare all'università e diventare professore.

Dopo cena Jigme porta Isobel a vedere dove vive. Scioccata dalla sua povera sistemazione e commossa dalla sua determinazione, si offre di supportarlo finanziariamente per permettergli di frequentare l'università in Svizzera. Jigme è senza parole.

Per qualche tempo Jigme pensa che sia tutto un sogno e si preoccupa molto che Isobel cambi idea. Ma, prima che lui riesca a rendersi conto di cosa sia successo, Isobel va a Delhi e gli procura un visto. Non può credere di avere la fortuna di andare in Svizzera!

Prima che Jigme parta incontra il suo migliore amico, un giovane monaco chiamato Konchok, che si congratula con lui, ma poi gli dice con un tono di voce più serio: "Devi ricordare due cose quando sarai in Svizzera. Primo, è nella natura umana che, quando si ha di più e si vive in condizioni migliori, è facile perdere la concentrazione e la disciplina. Se non si perde la concentrazione si possono ottenere molte cose e vivere una vita felice ma, se si cade preda dell'avidità o della pigrizia, si incontrano grandi sofferenze. In secondo luogo, non dovresti mai dimenticare il benessere del popolo tibetano, non importa quanto sia buona la tua situazione personale". Jigme promette a Konchok che non dimenticherà mai queste cose.

Una settimana dopo, Jigme ottiene il visto e si trasferisce in Svizzera. All'arrivo è stupito e pensa di essere in paradiso proprio come Tenzin. L'unica differenza è che, ogni giorno, Jigme tiene a mente i consigli del suo migliore amico. Con grande sforzo studia psicologia all'università per sette anni, mentre lavora come grafico utilizzando le sue conoscenze informatiche. Dopo un anno passato in Svizzera, si innamora della figlia di Isobel, Heidi, e dopo alcuni anni i due si sposano. Due anni dopo diventa professore di psicologia e apre il suo studio, che ha molto successo.

Un giorno il professor Jigme tiene una conferenza pubblica in una famosa università di Zurigo. A questo punto Tenzin è ancora disoccupato, si sente solo e ha iniziato a drogarsi. Viene alla conferenza perché l'argomento tratta di psicologia e, quindi, pensa che potrebbe essergli di aiuto. Una volta arrivato alla conferenza, vedendo il relatore, questo gli sembra molto familiare. Nel mezzo della conferenza Jigme racconta di essere andato a scuola al Tibetan Children's Village e di avere un compagno di classe chiamato Tenzin. Accenna al fatto che si è trasferito in Svizzera circa quattordici anni fa, ma non ha mai saputo cosa gli fosse successo. Tenzin è scioccato, realizzando che è il suo compagno di classe Jigme che sta tenendo la conferenza. Non può credere che il suo vecchio rivale abbia avuto tanto successo mentre la sua vita si è rivelata un tale fallimento.

Pensate a come sia possibile che due ragazzi con un passato così simile possano crescere in modo così diverso. Vi ricordate le due cose che sono state più importanti per ispirare Jigme a realizzare ciò che ha fatto? Pensate anche a come potreste ispirare la vostra vita con un obiettivo che sia veramente significativo per voi e che differenza potrebbe fare tutto ciò.

LA NECESSITÀ DELLA FIDUCIA IN SE STESSI

Da adolescenti siamo molto sensibili alle opinioni degli altri. Di nuovo, questo è dovuto al fatto che non abbiamo ancora sviluppato abbastanza attenzione interiore per conoscere se stessi e per comprendere veramente le conseguenze positive e negative delle nostre azioni. Chi ha molta esperienza e saggezza non sarà mai noncurante. Questo perché può giudicare da solo ciò che è buono e ciò che è cattivo, ciò che ha valore e ciò che non ne ha, gli obiettivi sui quali ha senso concentrare la propria energia e ciò che costituisce una perdita di tempo. Da adolescenti, tuttavia, è improbabile avere questo tipo di consapevolezza discriminante, a causa della nostra limitata esperienza del mondo. La nostra percezione è ristretta, come la cruna di un ago, e possiamo facilmente cadere nella trappola di fare troppo affidamento sulle opinioni altrui.

Ciò non vale soltanto per gli adolescenti in Occidente. Anche io, nel mio piccolo villaggio in Tibet, ero ossessionato dalla mia immagine ed ero molto consapevole di ciò che pensavano gli altri. Ho sempre agito in modo naturale con la mia famiglia e i miei parenti, perché non sentivo che fosse così importante che le cose fossero perfette di fronte a loro. Tuttavia, quando i miei amici o altri membri della comunità venivano a casa nostra, qualunque cosa facessi io, i miei genitori, fratelli e sorelle e persino i miei parenti, ero assolutamente in imbarazzo se tutto non era perfetto. Ora, quando mi guardo indietro, è chiaro che mi comportavo in modo falso di fronte ai miei amici e conoscenti, solo perché volevo disperatamente che avessero una buona opinione di me.

Da adolescenti il nostro cerchio di conoscenze è generalmente limitato. Di conseguenza, anche la nostra comprensione di ciò che è possibile è limitata. Vogliamo molti amici, vogliamo piacere e vogliamo essere popolari, quindi tendiamo a seguire gli interessi del nostro gruppo di amici. Cerchiamo di essere simpatici e divertenti. I ragazzi, in particolare, vogliono che il loro gruppo di pari li veda come "fighi" e, per mantenere questa immagine, si vantano delle loro ragazze o prendono in giro gli altri. Le ragazze, d'altra parte, tendono a preoccuparsi del loro aspetto e spendono molto tempo e denaro in trucco, vestiti e tagli di capelli per sentirsi più attraenti. L'immagine è l'obiettivo più importante e l'enfatizzazione di questo aspetto è incoraggiata dai media e dal nostro gruppo di amici.

Tuttavia, se riflettiamo attentamente, scopriremo che ci preoccupiamo solo di come le persone della nostra età ci percepiscono, senza preoccuparci veramente di quello che il resto del mondo pensa di noi. Né ci interessiamo veramente delle conseguenze future dell'essere così preoccupati del dare una buona immagine di noi stessi. Se questa diventa un'ossessione possiamo non essere più in grado di vedere le molte cose che hanno davvero valore nel mondo. A volte decoriamo i nostri bei corpi giovani con tatuaggi o piercing. Anche se non c'è niente di male nel voler apparire belli ed essere orgogliosi della propria identità unica, cercate di ricordare che un giorno potreste essere imbarazzati nel vedere i modi eccessivi in cui avete adornato il vostro corpo per amore dell'immagine di voi stessi. Ricordate che la moda cambia molto velocemente!

A volte l'ossessione per l'immagine di sé può portarci a comportamenti ancora più dannosi. Siamo tutti consapevoli degli effetti dannosi delle droghe, delle sigarette e dell'alcol, eppure siamo spesso indotti a provarli per apparire "fighi" di fronte ai nostri coetanei o per compensare una mancanza di fiducia in noi stessi. Sapendo ciò, abbiamo bisogno di determinazione, autodisciplina e saggezza per salvaguardare la nostra salute fisica e mentale dagli effetti di queste sostanze nocive.

Con l'età e l'esperienza, la maggior parte delle persone acquista fiducia in se stessa e smette di preoccuparsi così tanto di quello che pensano gli altri, non essendo più guidata dal desiderio di essere popolare. Acquisiamo anche la saggezza per prendere decisioni migliori, basate sulle nostre osservazioni piuttosto che sulle opinioni degli altri. Sfortunatamente, non c'è un trucco magico che ci dia improvvisamente l'attenzione interiore e la conoscenza di noi stessi, perché dobbiamo ottenerle da soli mentre impariamo e cresciamo attraverso le esperienze della vita. Tuttavia, ogni volta che ci si trova a cercare di impressionare un'altra persona, è utile porsi queste domande: "Perché la loro opinione è così importante per me?" e "Cosa penso io su questo argomento?" Riflettere costantemente in questo modo ci aiuterà a sviluppare l'attenzione interiore e, gradualmente, arriveremo a comprendere la nostra mente.

SESSO, DROGA E ROCK'N'ROLL

Prima ho menzionato alcuni dei comportamenti autolesionistici che le persone sperimentano quando sono adolescenti, specialmente la droga e il consumo eccessivo di alcol. Sono molto contrario all'uso di droghe e alcol, forse perché non sono mai stato entrato in contatto con queste sostanze nella mia adolescenza e, quindi, riesco facilmente a vedere i danni che possono causare. In Occidente gli uomini si sentono spesso spinti a bere alcolici per apparire più mascolini o "virili" e alcune donne sembrano pensare che bere le renda più estroverse, sicure e desiderabili per gli uomini. Queste idee sono spesso promosse da una società con una visione limitata o ristretta e con una mancanza di influenze culturali alternative. Per esempio, nella provincia di Golok in Tibet, nessuna delle donne fuma o beve e solo circa il cinque per cento degli uomini partecipa a queste attività.

Molte persone credono che una vita senza alcol o droghe sia una vita noiosa, ma io mi sento di mettere in dubbio questa idea. Pensate che qualcuno che non ha mai avuto un mal di testa sia più noioso di una persona che ha un mal di testa e lo allevia con le medicine? Allo stesso modo, una persona senza prurito è più noiosa di una persona che ha un prurito ma si gratta e lo allevia? Possiamo pensare alle sostanze intossicanti come un esempio di ciò che i buddisti intendono per dipendenza da un desiderio: l'uso di una droga ci dà una sensazione piacevole e questo porta al desiderio di avere ancora quella sensazione. Alla fine si può arrivare ad un punto in cui il desiderio prende il sopravvento sulla nostra vita e passiamo tutto il nostro tempo solo cercando di soddisfare quel desiderio, senza mai soddisfarlo veramente. Non sto dicendo che le droghe non siano piacevoli o divertenti quando si assumono; piuttosto ci può essere un effetto estremamente spiacevole quando la droga esaurisce il suo effetto, si possono fare alcune cose molto dannose mentre si è sotto l'influenza di queste droghe e c'è un grande pericolo di perdere il controllo della propria vita.

Anche se non si diventa dipendenti, l'assunzione di droghe può danneggiare seriamente il corpo e la mente. Assumere droghe, anche per una volta soltanto, può scatenare una grave malattia mentale o può indurci a mettere in atto comportamenti dannosi. Ho sentito spesso storie dai miei amici medici di giovani che sono stati portati d'urgenza nei dipartimenti di emergenza dell'ospedale dopo aver assunto droghe e che hanno ferito se stessi o altri mentre erano sotto l'influenza di stupefacenti. Tutte le droghe possono portare a questo. Anche le droghe che si possono pensare innocue, come la marijuana, possono avere degli effetti dannosi sul cervello e portare a gravi malattie mentali come la schizofrenia.

Sfortunatamente, molti giovani hanno l'idea che le droghe portino a esperienze spirituali, scambiando il vedere o il sentire cose insolite per "progresso spirituale". Questa è una visione completamente distorta, perché la realizzazione spirituale dovrebbe farci acquisire più autocontrollo, facendoci diventare più radicati e più in contatto con la realtà. Al contrario, le droghe ci fanno perdere l'autocontrollo, ci portano ad esperienze che sono puramente illusorie e ci fanno perdere il contatto con la realtà.

Allo stesso modo in cui il desiderio delle sensazioni generate dalle droghe può essere incontrollabile, così può esserlo anche il desiderio del piacere sessuale. Molte persone in Occidente sembrano pensare che il desiderio di sesso o di innamorarsi sia una forza della natura inarrestabile e travolgente; e molti sembrano pensare che, a differenza della droga o dell'alcol, il sesso sia un desiderio naturale o addirittura una necessità della vita. Naturalmente è vero che nessun essere umano esisterebbe senza l'unione sessuale dei genitori; e non sto dicendo che il sesso sia necessariamente cattivo o malsano. Tuttavia ci sono due punti importanti che penso dovremmo considerare.

Il primo è che la motivazione alla base dell'attività sessuale è molto importante. Pensiamo al sesso con un'intenzione pura, per mostrare il nostro amore genuino e l'affetto per qualcuno o per avere figli che portino saggezza nella prossima generazione? Oppure vogliamo fare sesso per soddisfare un'aspettativa o una fantasia irrealistica, a causa della perdita di autocontrollo, oppure anche perché vogliamo fare bella figura davanti ai nostri coetanei? È importante capire che l'energia sessuale tra un uomo e una donna ha un incredibile potenziale per svilupparsi in qualcosa di molto più profondo e potente di quanto la maggior parte delle persone sia consapevole e ha persino una straordinaria forza intrinseca. Tuttavia, per riuscire a scoprire tutto ciò, molte condizioni devono essere presenti; in particolare, entrambi i partner devono avere intenzioni pure e la relazione non può mai essere forzata, deve sempre formarsi naturalmente.

Se non riesci a relazionarti con questa idea, è importante almeno sapere che le relazioni sessuali non sono così semplici come possiamo pensare. Infatti è possibile identificare otto diversi livelli di complessità, progressivamente più profondi e significativi.

Il più basso è il livello animale, ossia quando cerchiamo solo una sensazione fisica oppure di soddisfare una voglia o un appetito, come facciamo quando mangiamo e beviamo.

Il secondo livello è quello delle transazioni, in cui abbiamo un po' più di comprensione di ciò che stiamo facendo, ma la motivazione si basa su un secondo fine, per cui c'è ben poca possibilità di sviluppare una vera connessione. Le relazioni casuali si verificano spesso a questo livello.

Il terzo livello è quello della sessualità umana ordinaria. A questo livello l'unione sessuale avviene tra due persone innamorate, pertanto c'è un maggiore senso di connessione, il piacere è più intenso e vi è una relazione migliore. Tuttavia questo tipo di attrazione è di solito basata su un attaccamento cieco ed è improbabile che soddisfi qualcosa di più dei bisogni fisici ed emotivi a breve termine.

Il quarto livello è quello consapevole, in cui i bisogni di entrambi i partner sono meglio soddisfatti perché possiedono una maggiore comprensione. Hanno una maggiore capacità di affrontare i problemi e migliorare la loro relazione, anche se la profondità della loro relazione è limitata perché questa comprensione avviene principalmente a livello intellettuale. L'amore tra i due partner è ancora un po' costruito, non così naturale o spontaneo come potrebbe essere.

Poi abbiamo il quinto livello - il livello delle buone condizioni - dove il benessere fisico e la maturità emotiva di entrambi i partner sono più sviluppati e c'è un flusso naturale di generosità e apprezzamento. Questo dà al vero amore più possibilità di sbocciare e anche il livello di gratificazione sessuale è molto più alto.

Il sesto livello è quello dello sviluppo spirituale. A questo stadio tutte le buone qualità interiori che abbiamo menzionato in questo libro sono altamente sviluppate in entrambi i partner, specialmente la generosità, la gratitudine e la percezione pura. La nostra esperienza di beatitudine è più profonda, non solo a livello di sensazioni, ma a un livello che va oltre il pensiero convenzionale e questa beatitudine contiene una forma di saggezza innata e naturale.

Il settimo livello è quello della maestria spirituale. Tutte le qualità precedenti sono sviluppate, così come il potere di controllare il flusso di energia in quello che chiamiamo il 'corpo sottile', composto da canali, venti interni ed essenze sottili. Il corpo sottile non è qualcosa che esiste oggettivamente; descrive piuttosto le correnti di energia che fanno sorgere la beatitudine e che si sperimentano quando si è abbracciati nell'unione sessuale. L'unione di saggezza e consapevolezza pregna di beatitudine aumenta sempre di più, con o senza partner, fino a diventare totalmente indipendente dalle condizioni esterne.

Infine, l'ottavo livello è totalmente al di là di concetti come lo spazio e il tempo e può essere pensato come l'inseparabile unione di saggezza e immutabile beatitudine, ossia l'illuminazione stessa.

Anche se questo non ha senso per noi, il solo fatto di avere una certa curiosità e un'aspirazione a scoprire di più su questi livelli superiori ci dà un grande vantaggio. Fondamentalmente il punto essenziale è cercare di sviluppare un atteggiamento di generosità e apprezzamento autentici. Sviluppare una percezione migliore o più pura del nostro partner è molto più importante che cercare la perfezione in lui, poiché il modo in cui lo vediamo dipende principalmente dal modo in cui pensiamo - come disse Shakespeare "Niente è buono o cattivo ma il pensiero lo rende tale". È importante almeno aspirare a pensare al sesso come qualcosa di raro e prezioso; se pensiamo che sia solo un bisogno di base che abbiamo necessità di soddisfare abitualmente, come mangiare o bere, non andremo mai oltre i livelli inferiori e questo sarà un grande svantaggio.

Il secondo punto che vorrei sottolineare è che il sesso non è una necessità per tutti nella vita. Una vita ricca, soddisfacente e con molte realizzazioni può essere raggiunta anche senza il sesso, anzi, a volte ciò può essere raggiunto molto più facilmente senza il sesso! Quello che voglio dire qui è che molte difficoltà possono sorgere come risultato della sessualità, incluse situazioni che portano a gelosia, rabbia, rimpianto o ossessione verso una o più persone. Tutte queste cose ci allontanano dal concentrarci su ciò che è veramente importante nella nostra vita. Ciò non significa che non dovremmo amare gli altri o che dovremmo evitare le relazioni intime; piuttosto, dovremmo renderci conto che le relazioni appaganti possono essere costruite senza il sesso e che quest rapporti spesso comportano molte meno preoccupazioni egocentriche dei rapporti in cui il sesso è di primaria importanza.

COME AVERE RELAZIONI MIGLIORI

Prima di criticare qualcuno dovresti camminare
un miglio nelle sue scarpe.
- Detto tradizionale -

Gli adolescenti spesso pensano che il concetto di "relazione" si riferisca principalmente a un rapporto fidanzato-fidanzata. Tuttavia, le relazioni più importanti che abbiamo da adolescenti sono quelle con la nostra famiglia e gli amici. Le relazioni sono di fondamentale importanza per tutta la nostra vita. Quando vanno bene ci sentiamo meglio, poiché siamo circondati da persone che ci amano e si preoccupano per noi. Quando vanno male possono farci stare molto male. Tante persone credono che andare d'accordo o meno con qualcuno sia totalmente fuori dal nostro controllo, come se fosse una sorta di pulsione istintiva. Tuttavia, la verità è che tutti noi abbiamo un grande controllo sulla qualità delle nostre relazioni ed è utile sapere come possiamo usarlo a nostro vantaggio, specialmente per superare i conflitti.

Quando ero giovane ero insoddisfatto della mia casa e spesso facevo di tutto per ottenere il permesso di mio padre di stare a casa del nostro vicino. Indipendentemente da quanto fosse bella la mia casa o da quanto buono fosse il cibo, volevo andare altrove, nelle case che a volte erano scomode, persino sporche, con un cibo insipido e molto semplice.

Da adolescenti tanti di noi iniziano a trovare monotona e noiosa la vita con la propria famiglia, così cerchiamo libertà e indipendenza altrove. Tuttavia, poiché non siamo in grado di mantenerci finanziariamente e, quindi, non possiamo andarcene da casa, è difficile per noi essere veramente indipendenti. Per questo entriamo in diversi gruppi di amici e vogliamo passare più tempo con loro che con la nostra famiglia e ciò può causare conflitti a casa.

Ci sono naturalmente molte, molte altre cose che possono causare conflitti tra gli adolescenti e i loro genitori - o tra gli adolescenti e chiunque altro! Possiamo pensare che i nostri genitori siano noiosi e all'antica, o che non si fidino abbastanza di noi e ci facciano sembrare stupidi di fronte ai nostri amici. Eppure, non importa di cosa stiamo discutendo o con chi stiamo discutendo, i metodi per risolvere i conflitti con gli altri sono sempre gli stessi.

Ogni essere umano, non importa quanto siamo diversi, ha gli stessi bisogni fondamentali e lo stesso desiderio fondamentale di essere felice. Se vogliamo risolvere i conflitti con gli altri, dobbiamo ricordarci che siamo come loro, in modo da poter capire perché si comportano in quella maniera. Provate a mettervi nella posizione dell'altra persona per un po' di tempo. Se avete un conflitto con vostra madre, provate a immaginare di essere nella sua situazione. Se ci provate davvero sarete in grado di farvi un'idea di come si sente e del perché si comporta in quel modo. Pensate a come vorreste essere trattati se foste nella sua situazione, anche se pensate che abbia torto, e trattatela di conseguenza. Immaginate di avere voi stessi dei figli e come vorreste che vi trattassero e poi trattate i vostri genitori alla stessa maniera.

Ricordate, non dobbiamo preoccuparci di ciò che è giusto o sbagliato, bensì di trovare il modo più abile per affrontare una particolare situazione. Possiamo praticare questa stessa tecnica con qualsiasi relazione che abbiamo nella nostra vita - per esempio, con i nostri insegnanti, i nostri fratelli o i nostri amici. La comprensione che possiamo ottenere sul perché gli altri si comportano come fanno è veramente sorprendente se riusciamo a metterci al loro posto.

GRATITUDINE

Provare gratitudine verso gli altri migliora anche le nostre relazioni con loro; e come ho detto prima, la gratitudine è una delle qualità mentali fondamentali che portano alla felicità. Ecco un modo per generare gratitudine verso i vostri genitori. Pensate a ciò che i vostri genitori hanno fatto per voi nel corso degli anni - prendendosi cura dei vostri bisogni fisici e insegnandovi come vivere nel mondo - e pensate a tutti gli sforzi e i sacrifici che hanno fatto per voi. Anche se, a volte, avete avuto un rapporto difficile con loro, non c'è nessun altro che ha fatto così tanto per voi. Se considerate tutto ciò non potete non provare un senso di gratitudine! Questo sentimento di gratitudine può aiutarci a sentirci felici sia direttamente che indirettamente. Porta un immediato senso di calore e di vicinanza e, a lungo termine, la nostra relazione migliorerà sicuramente perché li tratteremo con maggiore gentilezza.

Se, tuttavia, troviamo difficile essere grati verso i nostri genitori, questo potrebbe voler dire che siamo sotto il controllo di emozioni negative, come può succedere a volte a tutti. Piuttosto che tenere un atteggiamento critico o ostile, oppure disperarsi, possiamo usare questo come un'opportunità per aumentare la nostra empatia nei loro confronti e sviluppare una maggiore forza emotiva. Se rispondiamo a loro con rabbia o serbando rancore perdiamo un'occasione preziosa per dimostrare che ci importa davvero di loro.

Sono spesso sorpreso quando parlo con i giovani in Occidente riguardo al provare gratitudine verso i loro genitori. In generale i genitori cercano di fornire ai loro figli ogni possibile vantaggio, eppure è ancora un luogo comune per i giovani lamentarsi dei genitori e, forse, sentirsi poco amati. Tutto ciò è molto diverso dall'ambiente in cui sono cresciuto. Guardando dall'esterno, i genitori tibetani sembrano molto più severi di quelli occidentali e spesso usano punizioni fisiche se i loro figli disobbediscono. Tuttavia, nella cultura tibetana, che è largamente influenzata dal buddismo, il rispetto e la gratitudine verso i propri genitori sono molto enfatizzati ed è molto raro incolpare i propri genitori per le difficoltà della vita. Anche se l'analisi della nostra situazione familiare può fornirci alcune intuizioni, non è mai utile se ci porta a biasimare e a provare risentimento.

L'IMPORTANZA DELLA COMPASSIONE

Forse state pensando "Beh, sono in conflitto con mia sorella o mia madre, ma questo conflitto non è colpa mia, è colpa sua!" Forse avete anche provato a capire perché si comporta in questo modo e siete giunti, nonostante ciò, alla conclusione che il suo comportamento è da biasimare. Anche se non credo che questo sia spesso il caso. A proposito: la maggior parte delle volte, quando abbiamo veramente cercato di capire il punto di vista di un'altra persona, scopriamo che siamo parzialmente colpevoli. Tuttavia, se abbiamo sinceramente cercato di considerare il punto di vista dell'altra persona e sentiamo di aver fatto tutto il possibile per risolvere il conflitto, ma senza risultato, allora forse possiamo pensare che abbiamo il diritto di sentirci arrabbiati e feriti.

Vi chiedo, però, provando rabbia e risentimento, a chi state facendo male? Lasciatemi spiegare con un' esempio. Abbiamo litigato con il nostro amico perché si è affezionato a un'altra persona. Ci sentiamo gelosi e feriti dal fatto che presta tutta la sua attenzione a questo nuovo amico e che passano tutto il suo tempo con lui, ignorandoci. Forse non sta prendendo in considerazione i nostri sentimenti, essendo concentrato esclusivamente su se stesso, e questo ci fa soffrire. Potremmo rispondere a tutto ciò focalizzandoci sulle cattive qualità del nostro amico o pensando a quanto siamo sfortunati, lasciando che la rabbia e la gelosia ci divorino; ma questo ci farà solo soffrire. È probabile che, così facendo, la piccola fiamma della rabbia e della gelosia si trasformerà in un incendio violento che distruggerà totalmente la nostra pace mentale. In alternativa potremmo pensare "Beh, questo amico mi sta facendo soffrire a causa del suo modo di pensare ristretto, che lo porterà ad avere difficoltà a lungo termine. Invece di arrabbiarmi, praticherò il perdono e la compassione."

Fate del vostro meglio per risvegliare pensieri gentili e amorevoli nei confronti di questo amico, pensando a tutte le cose che vi piacciono di lui. Provando gentilezza e compassione verso di lui sentirete crescere la felicità dentro di voi. Ve lo garantisco.

DUE PAROLE SULLA LIBERTÀ

Prima ho detto che, da adolescenti, spesso desideriamo l'autonomia o la "libertà". Nel mondo moderno, tuttavia, molte persone sembrano confondere la falsa libertà con la vera libertà interiore. La falsa libertà include la libertà di fare qualunque cosa ci piaccia e anche la libertà di dipendere da altre persone. Questo tipo di libertà crea una distanza tra noi stessi e gli altri. Alla fine si trasforma in solitudine, poiché ci porta ad accettare e rifiutare le persone secondo i nostri bisogni invece di relazionarci con loro attraverso una condivisione genuina. Con il tempo questo porta alla sofferenza. La falsa libertà può portare anche molti problemi, come il contrasto e la disarmonia tra familiari e amici ma, se siamo generosi e condividiamo, creiamo armonia e vicinanza, diventando di conseguenza molto più felici.

La vera libertà deriva dalla totale indipendenza. Ciò non significa respingere tutti quelli che ci circondano e tenere a distanza gli altri, bensì vuol dire avere il controllo della nostra mente e, pertanto, essere liberi dal reagire impulsivamente o in maniera automatica agli eventi esterni. È importante sottolineare che mi riferisco a eventi esterni sia positivi che negativi, perché la vera libertà consiste nell'avere il controllo della nostra mente e delle nostre emozioni in ogni momento, qualunque cosa accada. Questo è un concetto difficile da comprendere, soprattutto per i giovani; ma ricordatevi che, se veniamo facilmente travolti dagli eventi esterni e dalle emozioni che questi generano, allora saremo prigionieri di tali eventi e la nostra libertà sarà sempre limitata.

RIFLESSIONE - PRENDERE DECISIONI

Pensate a tutte le decisioni importanti che avete preso di recente. Come siete giunti a quella decisione? Avete chiesto consiglio ad altre persone con molta esperienza di vita? Avete considerato a fondo tutte le conseguenze della vostra scelta? Le vostre aspettative erano realistiche o irrealistiche? Avete considerato lo scenario peggiore? Avevate dei piani di riserva? Siete stati completamente onesti con voi stessi o avete preso la decisione perché volevate impressionare qualcuno? Avete considerato tutte le opzioni possibili?

Ora pensate alle decisioni che state per prendere. Ponetevi di nuovo tutte queste domande, assicurandovi di considerare attentamente tutte le opzioni. Ora sedetevi in posizione eretta, con la colonna vertebrale dritta, rilassate il corpo, fate alcuni grandi respiri profondi e schiaritevi la mente. Se siete onesti con voi stessi, qual è la decisione migliore?

Una seconda opportunità per sviluppare la saggezza

Se cerchiamo una vita felice e significativa, è fondamentale capire e tenere a mente le cause e le condizioni della felicità. La felicità e l'infelicità non sono casuali, né dipendono dalla buona o cattiva sorte. Gli eventi esterni possono contribuire alla nostra felicità, ma essa dipende principalmente dal nostro io interiore. La felicità può essere nostra solo se abbiamo il giusto atteggiamento mentale e ciò si ottiene con lo sviluppo di qualità mentali sane.

Una percentuale molto piccola di persone possiede naturalmente il giusto atteggiamento mentale. Queste persone sono molto più felici e molto più resistenti degli altri di fronte alle difficoltà; tendono anche a provare molte meno emozioni negative come la depressione. La maggior parte di noi, tuttavia, non ha questo atteggiamento in maniera naturale e, quindi, dobbiamo applicarci consapevolmente per svilupparlo, soprattutto coltivando qualità come la gratitudine e la compassione. Con uno sforzo costante e diligente possiamo gradualmente sviluppare una mente pacifica e soddisfatta, indipendentemente dalla nostra situazione esterna.

Come giovani adulti che stanno sviluppando la loro indipendenza e scoprendo come lasciare un segno nel mondo, ci troviamo di fronte a molte decisioni importanti che riguardano la vita, l'amore e le relazioni. Parlerò quindi di alcuni di questi temi e delle qualità mentali che sono più importanti in questa età.

RESPONSABILITÀ E DECISIONI

A questo punto della nostra vita siamo completamente responsabili del nostro benessere futuro, quindi abbiamo un grande potenziale per raggiungere qualcosa se siamo motivati e determinati. A volte possiamo sentirci sopraffatti quando si tratta di scegliere in che direzione rivolgere i nostri sforzi e le nostre attività. Per questo vorrei suggerire alcune linee guida e, soprattutto, menzionare alcune importanti condizioni esterne a cui dovremmo mirare quando cerchiamo di vivere una vita serena e felice. Queste sono idee buddiste ma possono essere usate da chiunque. Possono essere utili quando si decide il tipo di stile di vita e di carriera che si vuole perseguire, così come gli obiettivi che si vogliono fissare per la propria vita.

1. **Un reddito sufficiente:** se non vogliamo intraprendere la vita di un rinunciante, allontanandoci da tutti gli obiettivi mondani, dobbiamo avere un certo grado di stabilità economica per provvedere a noi stessi. Se siamo in grado di risparmiare del denaro e di accumulare ricchezza e proprietà in modo sano, saremo in grado di godere di una sicurezza futura. È importante, tuttavia, che lo facciamo senza essere coinvolti in nessun mestiere illegale o nessuna professione dannosa. Una professione dannosa potrebbe includere gestire un mattatoio o un'impresa di pesca commerciale, lavorare in un laboratorio dove siamo responsabili dell'uccisione di molti animali o essere un generale in un esercito in guerra.

Se non abbiamo altra scelta che essere coinvolti in questo tipo di lavoro oppure se la nostra motivazione è essenzialmente pura, le conseguenze negative non saranno così grandi, altrimenti è molto probabile che impegnarsi in questo tipo di lavoro sia dannoso per la nostra felicità a lungo termine, benché inizialmente potremmo non notarlo. Anche i mestieri illegali come il traffico di droga, di armi o di beni rubati disturbano la nostra pace mentale e sono un ostacolo alla felicità futura.

2. **Saggia gestione delle finanze**: è importante spendere il nostro denaro in maniera profittevole, prendendoci cura dei nostri familiari e compiendo azioni meritorie. Le persone avare sono molto attaccate al denaro e hanno difficoltà a spenderlo. Anche se comprano qualcosa, pensano continuamente ai soldi che hanno dovuto pagare e non si godono mai veramente ciò che hanno acquistato. Molte persone spendono soldi in cose non necessarie solo per sentirsi bene o per soddisfare desideri momentanei, ma questa abitudine è di solito basata sulla bramosia o sull'impulsività e rischia di privarle della felicità futura. Invece è importante stabilire delle priorità in base alle quali spendere il nostro denaro, mostrare un apprezzamento genuino per qualsiasi cosa abbiamo acquistato ed essere consapevoli di come possiamo evitare di sostenere le organizzazioni che hanno un impatto negativo e la distruzione dell'ambiente. Inoltre dovremmo considerare attentamente come investire al meglio i risparmi che accumuliamo ed è certamente una buona idea discuterne con persone esperte nella gestione delle finanze. Il denaro ha spesso una connotazione negativa, ma non c'è niente di sbagliato nel denaro in sé, anzi, può essere molto utile. L'unico problema riguarda come lo vediamo o come lo usiamo.

3. **Libertà dai debiti:** se siamo indebitati con altri, finanziariamente o in altro modo, potremmo non avere molta tranquillità fino a quando il debito non sia stato cancellato. Spesso le persone si indebitano per raggiungere una felicità temporanea, ma poi il debito diventa sproporzionato rispetto alla quantità di reddito che guadagnano. Questo crea molte difficoltà a lungo termine e l'interesse che dobbiamo pagare sulla nostra carta di credito ci costringe a lavorare ancora più duramente. A volte, se potessimo vederlo fisicamente, questo debito sembrerebbe una montagna! Anche se siamo una persona generosa e gentile e ci indebitiamo spendendo soldi per gli altri, questo è un modo poco saggio di dare, poiché l'interesse che paghiamo potrebbe servire a uno scopo molto più utile.

4. **Una vita senza arrecare danno agli altri:** se abbiamo fatto un torto o un danno a qualcuno non possiamo essere in alcun modo soddisfatti quando pensiamo alle nostre azioni. Le conseguenze del fare del male agli altri ci tornano sempre indietro, prima o poi, come un boomerang, sia fisicamente che mentalmente. A volte queste conseguenze si presentano in modo evidente, mentre altre volte sono più oscure. Anche sul letto di morte non potremo sfuggire alle conseguenze delle nostre azioni e sarà difficile trovare la pace dello spirito se non abbiamo condotto una vita senza arrecare danno agli altri.

SCEGLIERE TRA UNA VITA SPIRITUALE E UNA VITA LAICA

Come ho detto prima, ci sono innumerevoli opportunità e percorsi che possiamo decidere di seguire nella nostra vita. Ci sono, tuttavia, essenzialmente due strade principali tra cui dobbiamo scegliere: la vita spirituale o quella laica. Se optiamo per la vita secolare dobbiamo decidere se vivere con un partner o vivere da soli.

Non dirò molto sulla vita spirituale in questa sezione perché probabilmente sembrerebbe un po' bizzarro o irrealistico per la maggior parte dei giovani nel mondo moderno di oggi. Essenzialmente una vita spirituale è una vita dedicata a trovare la pace interiore e la completa libertà da tutti i nostri pensieri ed emozioni incontrollati, tuttavia è anche una vita in cui dobbiamo essere disposti a rinunciare a tutti gli attaccamenti mondani, molti dei quali diamo per scontati, per concentrarci intensamente sulla pratica spirituale sotto la guida di un insegnante qualificato. Se questo è un percorso che desideriamo perseguire, allora è qualcosa che deve essere intrapreso con la massima attenzione. Non dovremmo passare tutta la vita a fare shopping di pratiche spirituali, prendendo vari pezzi e frammenti da diverse religioni e tradizioni. È invece fondamentale trovare una tradizione spirituale autentica e consolidata, assieme ad una guida spirituale e una comunità qualificate e genuine.

Fortunatamente le grandi tradizioni di saggezza del mondo offrono una varietà di percorsi adatti a persone con diverse inclinazioni e capacità - quelli con una predisposizione più intellettuale, quelli che hanno una devozione naturale e quelli che trovano facile meditare. Nella nostra cultura può essere possibile, per alcune persone, impegnarsi pienamente in una vita spirituale e allo stesso tempo mantenere un lavoro e avere un partner, scegliendo di semplificare la propria vita e cercando di integrarla con la pratica spirituale. Per altri può essere più adatto unirsi a una comunità spirituale lontana dal ritmo frenetico della vita quotidiana, o anche considerare di entrare in un monastero. Parlerò di più della vita spirituale nel prossimo capitolo, basandomi sulle mie esperienze personali in Tibet.

Se questo tipo di vita ci sembra troppo poco convenzionale, ci sono molte opportunità per perseguire la felicità attraverso una vita laica. Ciò non significa che non possiamo avere una dimensione spirituale nella nostra vita; tuttavia non saremo in grado di perseguirla così profondamente come qualcuno che ne fa l'obiettivo principale della sua intera vita.

Se optiamo per la vita laica, come fa la stragrande maggioranza delle persone, la più grande decisione che dovremo prendere è scegliere se vivere con un partner o da soli. Se desideriamo avere un partner, dovremmo considerare attentamente il tipo di persona con cui vorremmo passare la nostra vita. Dovremmo essere pronti ad accettare le persone così come sono, perché tutti abbiamo dei difetti. Non aspettatevi di trovare qualcuno che sia perfetto o privo di difetti, oppure che sia proprio come voi, e non aspettatevi di cambiarlo in seguito quando scoprirete che non è senza difetti. Dovremmo riflettere onestamente sulle nostre esperienze e sul nostro tipo di personalità e osservare chi ci circonda.

Potremmo essere una persona molto indipendente o ambiziosa che desidera ottenere molte cose. Forse desideriamo condurre una vita semplice e tranquilla, o una vita sempre aperta a nuove opportunità. Se questo è il caso, potremmo essere più adatti a una vita da single. Con molto meno bisogno di compromessi avremo molto più spazio nella nostra vita. Senza la responsabilità o la necessità di dedicare grandi quantità di tempo alle questioni familiari avremo più opportunità e libertà di perseguire i nostri interessi

Se siamo naturalmente premurosi e affettuosi e desideriamo dedicare la nostra vita a un'altra persona e crescere una famiglia, potremmo essere più adatti a una vita con un partner - avremo quindi più opportunità di sviluppare queste qualità e condurre una vita familiare soddisfacente. La maggior parte delle persone desidera essere vicina e avere un rapporto intimo con qualcun altro e sarà, quindi, attratta dal trovare un'altra persona di cui potersi fidare completamente e da accettare accanto a sé, fornendole una fonte di amore e sicurezza. Questo può portare un tipo di felicità molto più grande di quella che si può trovare attraverso la ricchezza, la fama o i beni materiali poiché ci saranno sempre amore e sicurezza, anche quando le circostanze non dovessero essere così buone.

COSA CERCARE IN UN PARTNER

Se scegliamo di passare la nostra vita con un partner è essenziale conoscere le qualità più importanti da cercare in lui/lei. Dobbiamo fare attenzione a non seguire semplicemente emozioni fugaci o l'attrazione cieca, poiché questo tipo di sentimenti sono solo temporanei e non c'è garanzia che durino a lungo. Quando il periodo della luna di miele della nostra relazione sarà finito, potrebbe non esserci nulla che tenga insieme il rapporto. Se invece scegliamo il nostro partner perché ha le giuste qualità interiori, allora stiamo gettando le basi per un amore più forte e duraturo e per una vita felice insieme.

Questo non significa che la "chimica" o la "scintilla" non siano importanti. In effetti vi può essere proprio un certo tipo di energia particolare tra un uomo e una donna con polarità opposte e possiamo imparare ad usare questa comprensione a nostro vantaggio. Più comunemente, un uomo con una forte qualità maschile, con un forte senso di direzione e scopo, sarà attratto da una donna con una forte qualità femminile, che è mossa dal suo desiderio di condividere amore ed energia con gli altri. Comprendere questa polarità naturale può portare energia e passione in una relazione intima. Può anche aiutare una coppia a lavorare bene insieme come una squadra e risolvere molti dei conflitti che dovessero eventualmente sorgere.

Alcune persone sperimentano, l'uno verso l'altro, un'attrazione immediata e duratura che va oltre il pensiero razionale, raggiungendo un livello più profondo di sentimento e intuizione, come si sente dire nel concetto occidentale di "anime gemelle". Tuttavia questo tipo di intuizione immediata e sensazione di connessione non è generalmente una solida base per la scelta di un partner ed è importante usare anche la ragione. È, pertanto, essenziale riflettere attentamente sulle qualità interiori che apprezziamo in una relazione, al fine di trovare un partner che sia più adatto a noi.

Ecco una lista di sedici qualità da considerare attentamente quando si cerca un partner, cominciando da quelle più essenziali:

QUALITÀ INTERIORI

Un buon cuore

La qualità più importante da cercare è un buon cuore. Dovremmo chiederci se lui o lei è una persona naturalmente amorevole e compassionevole. Se il tuo partner non ha un buon cuore, indipendentemente dalle altre qualità che possiede, è improbabile che sarai felice con questa persona. Ricorda che tra te e il tuo partner potrebbe succedere di tutto, perché le circostanze possono cambiare in qualsiasi momento. Una relazione in cui entrambi i partner hanno un buon cuore sarà in grado di superare questi cambiamenti nel miglior modo possibile.

Fedeltà

La seconda qualità più importante è la fedeltà. Se voi e il vostro partner non siete fedeli l'uno all'altro molti tipi di problemi rischiano di emergere. Se non potete fidarvi completamente l'uno dell'altro non potete neanche amarvi completamente.

Empatia

Si riferisce ad un genuino senso di comprensione e sensibilità, di essere in grado di mettersi nei panni dell'altra persona. Se questo manca, sorgeranno tutti i tipi di contrasti e sarà difficile risolverli.

Buona comunicazione

Questo è importante perché, anche se il vostro partner non è naturalmente sensibile o comprensivo, una buona capacità di comunicare può prevenire malintesi e rendere i conflitti più facili da risolvere. Ciò include sia la comunicazione verbale che quella non verbale. In questo modo sarete in grado di passare più efficacemente dallo "stallo" al dialogo. Una buona comunicazione può anche aiutarvi a lavorare bene insieme come una squadra.

Onestà

Senza onestà sarà molto difficile riporre fiducia nell'altra persona. È impossibile nascondere qualcosa al nostro partner nel lungo periodo. Se lo scoprirà rischieremo di perdere la sua fiducia, indipendentemente da quanto siamo onesti di solito.

Opinioni e interessi simili

È importante avere opinioni e interessi simili. Se le vostre convinzioni religiose o politiche sono simili e le vostre idee sulla vita sono simili, vivere insieme sarà più facile e sarete in grado di conoscervi più intimamente. Avere gusti e antipatie simili rende più facile passare il tempo insieme facendo cose che vi piacciono, piuttosto che annoiarvi o irritarvi a vicenda!

Ambizioni comuni

Questo è cruciale se state puntando a raggiungere qualcosa insieme, come possedere una casa o creare una famiglia. Senza obiettivi che siano almeno simili sarà facile rinunciare a metà strada e non riuscire a realizzare le cose che ci siamo prefissati.

Intelligenza

Questa qualità è importante se vogliamo navigare con successo attraverso i periodi difficili della vita e quando ci troviamo di fronte a decisioni importanti. Con l'aiuto di un partner intelligente abbiamo maggiori probabilità di prendere decisioni sagge.

Praticità

È molto utile avere accanto una persona pratica quando si tratta di necessità quotidiane come la gestione finanziaria e altre questioni familiari. A volte siamo riluttanti ad affrontare la realtà della vita poiché siamo sopraffatti dalla nostra situazione o preferiamo fantasticare su qualcos'altro. Una persona pratica può aiutarci a tornare con i piedi per terra.

ALTRE COSE IMPORTANTI DA CONSIDERARE QUANDO SI CERCA UN PARTNER

Buona salute

Se scegliamo un partner basandoci sull'attrazione fisica o su emozioni fugaci e non consideriamo la qualità della sua salute, potremmo finire per essere contrariati se il nostro partner è sempre malato e trovare gravoso prendersi cura di lui o lei. Da un altro punto di vista, tuttavia, ciò può rappresentare un'eccellente opportunità per sviluppare tolleranza e compassione.

Buona educazione e carriera

Una mente allenata e orientata al risultato può essere utile per occuparsi dei problemi che sorgono nella vita. Tuttavia, generalmente diamo troppo valore all'istruzione e alla carriera, vedendole come simboli di uno status elevato o di un buona posizione nella società. Dovremmo essere sicuri di non scegliere un partner di alto livello solo per "metterci in mostra" - questo, a lungo termine, ci causerà infelicità.

Bagaglio culturale simile

Se due persone hanno un bagaglio culturale simile le loro abitudini saranno simili, quindi sarà più facile per loro andare d'accordo.

Tuttavia avere un bagaglio culturale simile non è imperativo, poiché le abitudini possono essere cambiate. Ciò che è più importante è che entrambi siate disposti a imparare e ad adattarvi l'uno all'altro, piuttosto che rimanere ostinatamente arroccati nei vostri modi.

Famiglia

Spesso pensiamo che il matrimonio o la famiglia ci renderanno felici. Se abbiamo una famiglia unita e premurosa, in cui l'amore è condiviso incondizionatamente, avremo un grande vantaggio nella vita. Tuttavia, se non riusciamo a sviluppare vicinanza e premura all'interno dell'unità familiare, o non riusciamo a insegnare ai nostri figli l'autodisciplina, la vita familiare potrà essere piena di conflitti.

Bellezza

Questa caratteristica è molto più in basso nella lista delle cose che sono importanti in un partner di quanto la maggior parte delle persone possa immaginare. Allo stesso modo in cui possiamo essere orgogliosi di avere un partner con una buona carriera, possiamo pensare che avere un partner bello ci farà sentire bene con noi stessi o impressionerà gli altri. Purtroppo, scegliere di stare con qualcuno solo perché ha un aspetto attraente può portare a gelosia, insicurezza e, infine, infelicità quando l'attrazione iniziale sarà svanita. Ricordate anche che la bellezza è negli occhi di chi guarda. Se proviamo un amore autentico verso il nostro partner lo vedremo bello a prescindere dal suo aspetto.

Ricchezza

Scegliere un partner che è benestante finanziariamente può aiutarci a raggiungere una vita confortevole, a fare molte nuove amicizie e ad alleviare lo stress delle difficoltà economiche. In definitiva, però, questo da solo non porta felicità e serenità. La ricchezza può addirittura creare più problemi e toglierci la libertà, soprattutto se non la usiamo nel modo giusto o la diamo per scontata. La quantità di ricchezza, quindi, non è nemmeno lontanamente importante quanto la nostra capacità di usare la ricchezza che abbiamo in modo saggio e compassionevole.

Età

Alcune persone pensano che l'età sia un fattore importante da considerare, anche se non è così importante come molti vorrebbero far credere. Se si sviluppano fiducia e amore genuini e si ha un livello simile di saggezza, non c'è alcun problema nell'avere un grande divario di età. Un divario significativo, tuttavia (per esempio, quando una nuova moglie è più giovane della figlia di una relazione precedente), spesso significa che ci sono diverse aspettative e prospettive di vita. Questo può portare a conflitti, quindi a volte è meglio evitare una così grande differenza di età.

Tutte queste qualità devono essere considerate con attenzione quando cerchiamo un partner. Dovremmo scegliere un partner che possiede il numero maggiore delle buone qualità che appaiono all'inizio della lista (che sono le più importanti) e con il quale ci sentiamo a nostro agio a lavorare insieme come una "squadra". Il fattore più cruciale, tuttavia, è la nostra intenzione di dare amore puro e prendersi cura dell'altra persona. Se guardiamo alle qualità dell'altra persona solo per soddisfare i nostri bisogni o creare una buona immagine di noi stessi, le nostre aspettative potrebbero non essere soddisfatte e potrebbero sorgere dei problemi.

È fondamentale anche trovarsi a proprio agio nell'essere se stessi con il proprio partner, piuttosto che cercare di essere all'altezza di una particolare immagine. In altre parole, dovete essere disposti ad essere onesti e aperti su tutto. Anche se ci vuole un po' di pratica, è possibile creare uno spazio in cui entrambi non avete nulla da nascondere e nel quale la vera intimità può sbocciare, naturalmente e in maniera spontanea.

La felicità nella nostra relazione

Un giovane uomo che era sposato da qualche anno andò da suo nonno per un consiglio. Diceva che era infelice nel suo matrimonio e voleva divorziare. Il nonno disse al giovane che avrebbe dovuto aspettare due mesi e, durante questo periodo, trattare sua moglie come una vera principessa. Anche se il giovane non era felice di questo, accettò. Due mesi dopo il nonno chiese al giovane se avesse ancora intenzione di divorziare da sua moglie. "Divorzio?" esclamò il giovane, con aria sorpresa. "Perché dovrei volerlo fare? Sono sposato con una vera principessa!"

Questa storia ci mostra che il modo in cui percepiamo la nostra situazione dipende da come alleniamo il nostro atteggiamento mentale. Se ci esercitiamo a pensare che il nostro partner sia un principe o una principessa, allora questo può diventare la nostra realtà. Non importa in quale situazione ci troviamo, la condizione migliore per una relazione felice e sana è quella di considerare prezioso il nostro partner e prendersi cura di lui nel miglior modo possibile.

Questo non significa, tuttavia, che possiamo far funzionare perfettamente qualsiasi relazione se ci sforziamo abbastanza. Piuttosto il nostro obiettivo dovrebbe essere quello di creare una situazione in cui i pensieri e i sentimenti positivi che abbiamo l'uno per l'altro superino di gran lunga quelli negativi (che ogni coppia ha). Questo è ciò che fa sì che una coppia comprenda, onori e rispetti meglio l'altro e la loro relazione; possiamo dire che una tale coppia è "emotivamente intelligente".

Quando siamo in una relazione è importante essere flessibili ed essere disposti a cambiare alcune delle abitudini personali che non piacciono al nostro partner. Dobbiamo anche imparare ad accettare le abitudini del nostro partner, anche se sono fastidiose e richiedono molta pazienza e comprensione da parte nostra. Spesso abbiamo bisogno di attingere di più alla pazienza e alla comprensione man mano che ci approfondiamo maggiormente una relazione, poiché l'euforia iniziale e la "brillantezza", di solito, ad un certo punto svaniscono e, inevitabilmente, cominciamo a notare i difetti. In alcuni casi, non solo abbiamo bisogno di pazienza e comprensione, ma anche di una grande abilità nell'aiutare l'altra persona a superare le sue debolezze.

Nella cultura buddista tibetana, un insegnante spirituale mette sempre in evidenza le debolezze di uno studente e, a volte, le esagera fino all'umiliazione; ma questo viene fatto solo con gli studenti che hanno il maggior potenziale. Questa tecnica di solito porta al disastro in una relazione personale e, anche se abbiamo le migliori intenzioni, dovremmo ricordare che il confronto diretto raramente funziona, a meno che non siamo molto abili nella nostra tecnica o la nostra relazione abbia una base molto forte. Inoltre, prima di cercare di aiutare il nostro partner con le sue debolezze, dobbiamo comprendere appieno le nostre debolezze e quanto sia difficile superarle.

Dobbiamo tenere a mente che è facile attribuire la causa del comportamento di un'altra persona ai suoi difetti personali quando in realtà è dovuto a qualcos'altro. Dovremmo cercare di evitare quanto più possibile di fare così perché, in realtà, stiamo solo tirando a indovinare oppure possiamo soltanto immaginarci il motivo per cui l'altro si sta comportando in un modo particolare. Invece, è necessario comunicare bene e capire il motivo per cui uno si comporta in quella maniera, mettendosi nei suoi panni. Non aspettatevi, tuttavia, di sentire quello che volete sentire, siate pronti ad ascoltare qualsiasi cosa e siate pazienti, mantenendo la determinazione di risolvere il problema, indipendentemente dalle difficoltà o dal tempo richiesto. Se il vostro partner sembra irrazionale o irragionevole, ricordate che questa non è la realtà del cuore. Lasciate che la saggezza e la consapevolezza compassionevole vi guidino verso il miglior corso d'azione. Il più delle volte si può trovare una soluzione o un compromesso ma, se questo non fosse il caso, potreste dover accettare ciò che non può essere cambiato.

Non sorprende che questi principi si applichino non solo alla relazione con il nostro partner o coniuge, ma a qualsiasi relazione - con la famiglia, gli amici, i partner commerciali o i vicini. La fonte ultima del conflitto è l'eccessiva focalizzazione su se stessi e la mancanza di considerazione per l'altro. Tuttavia ciò avviene raramente in maniera intenzionale. Siamo tutti consapevoli che non è desiderabile essere egoisti, mentre essere premurosi e attenti è una buona cosa. Eppure abbiamo ancora un'abitudine profondamente radicata di concentrarci su noi stessi, in parte derivata dalla nostra cultura ed educazione. L'unico modo per superare questa abitudine è far brillare la luce della consapevolezza sulle nostre azioni durante tutta la giornata, riflettendo attentamente su come pensiamo, parliamo e agiamo. Siamo attenti e premurosi? Possiamo migliorare le nostre azioni in qualche modo? Possiamo dire che stiamo agendo in una maniera "emotivamente matura"? Gradualmente potremo così diventare meno egocentrici, più compassionevoli e più simpatici.

INNAMORAMENTO E DELUSIONI AMOROSE

Ho discusso a lungo delle qualità importanti che dovremmo valutare quando scegliamo un partner, piuttosto che scegliere semplicemente qualcuno perché "ci innamoriamo" di lui. Anche se questo può sembrare un concetto strano per molte persone nel mondo moderno, credo che molto dolore e sofferenza emotiva potrebbero essere evitati se imparassimo a vedere l'amore da una prospettiva più matura e pratica.

È certamente vero che l'amore romantico può essere la sensazione più inebriante e piacevole che possiamo provare. Chiunque può provare questo incredibile stato di beatitudine, indipendentemente dal suo status sociale, credo e cultura, oppure che sia ricco o povero. Tuttavia c'è anche un lato oscuro dell'amore romantico. Possiamo pensare che durerà in eterno, ma non è sempre così. La felicità dell'amore romantico può esaurirsi dopo pochi mesi o anni e le due persone che una volta non potevano sopportare di essere separate possono improvvisamente ritrovarsi gelose, arrabbiate o depresse. Inoltre l'attrazione verso qualcuno può non essere corrisposta e anche questo può portare ad una inconsolabile delusione d'amore. Come possiamo imparare, ci si può chiedere, a prevenire o affrontare meglio queste situazioni?

Se il sentimento iniziale che deriva dall'innamoramento durasse per sempre e si concludesse sempre nell'essere felici, sarebbe del tutto ragionevole scegliere un compagno di vita sulla base dell'amore romantico. Per molte persone, invece, questo sentimento dura solo per un breve periodo e finisce nell'infelicità o, persino, nella disperazione. Spesso la persona che amano non prova lo stesso per loro, eppure si sentono impotenti di fronte al desiderio intenso e incontrollabile che hanno per la persona amata. Non capisco bene perché le persone pensino che l'innamoramento sia fuori dal loro controllo. Certamente credo che l'innamoramento sia un'emozione molto potente, ma qualsiasi emozione, qualunque essa sia, è creata dalla nostra mente. Per questo motivo dovremmo essere in grado di allenare la nostra mente ad affrontare tali emozioni in modo più costruttivo.

Credo che molte delle nostre credenze sull'amore siano basate su aspetti culturali e trovo intrigante che non ci siano consigli specifici nella letteratura occidentale o nella psicologia per insegnare alle persone come controllare l'innamoramento. La letteratura occidentale, le canzoni e la poesia hanno un'ottima comprensione dei sentimenti inebrianti e travolgenti dell'amore romantico, così come della disperazione che deriva da una delusione amorosa, ma contengono molto pochi consigli su come riprendersi da una delusione d'amore o su come prevenirla. Piuttosto, la letteratura e la poesia sembrano rafforzare l'atteggiamento che l'innamoramento sia qualcosa che sfugge completamente al nostro controllo e che sia nella natura umana di essere schiavi di queste emozioni. Forse sarebbe più utile chiederci come possiamo controllare questi sentimenti, dato che l'innamoramento non sempre si conclude con la felicità e può persino rinforzare atteggiamenti negativi e possessivi. Se non controllati, questi atteggiamenti possono imprigionarci.

Avendo riconosciuto il lato oscuro dell'amore romantico, cosa possiamo fare?

In primo luogo, quando si cerca un partner, può essere davvero utile tenere a mente le qualità interiori che questo possiede o meno. Anche se all'inizio non troviamo una persona fisicamente attraente, se è ricca di qualità interiori, diventerà più attraente con il tempo, man mano che l'amore che vi unisce aumenterà. D'altra parte, se l'attrazione fisica è l'unica base del vostro amore, questo può oscurare le caratteristiche interiori del vostro partner e la sua "bellezza" potrà svanire quando i problemi verranno a galla.

In secondo luogo, dovremmo renderci conto che l'amore romantico contiene quasi sempre un elemento di attaccamento che può offuscare il nostro giudizio e portare a una delusione amorosa. Riconoscere questo è essenziale quando cerchiamo un partner. È come se fossimo trasportati a valle da un fiume e ci aggrappassimo ad alcune canne sull'argine del fiume, pensando di poter salire sulla riva. Ma le canne si staccano perché non sono saldamente radicate sulla riva del fiume e noi veniamo nuovamente portati via dalla corrente. Allo stesso modo, possiamo pensare che una relazione ci porterà una felicità duratura ma, se non c'è un fondamento di amore incondizionato, sarà raramente così. Questo non significa, tuttavia, che ogni relazione basata sull'amore romantico sia destinata a fallire. Se una relazione è costruita sul rispetto genuino e sull'amore incondizionato, allora l'innamoramento può portare a una felicità duratura.

Può darsi che ci troviamo in una relazione e, improvvisamente, ci rendiamo conto di avere ben poco in comune con il nostro partner. In questo caso può essere meglio riconoscere queste differenze e decidere di essere pratici e andare avanti ognuno per la propria strada, specialmente se abbiamo provato duramente a trovare un compromesso e non è stato possibile raggiungerlo. Anche se questo potrebbe sembrare un po' folle, se proviamo amore e compassione autentici nei loro confronti, saremo felici se loro sono felici, anche se non vogliono stare con noi. Ci renderemo conto che questo è vero quando impareremo davvero a metterci nei loro panni e a considerare il loro benessere al di sopra del nostro.

C'è solo un'ultima cosa da dire sulla questione dell'innamoramento. C'è un detto che ho sentito in Occidente, dove le persone si innamorano e poi vivono "felici e contenti". Facciamo finta, per un momento, che questo sia almeno parzialmente vero e che una coppia si innamori e poi viva felicemente insieme. Alla fine, però, uno dei due morirà. Naturalmente sappiamo che questa è la realtà della vita ed è questa realtà dell'impermanenza che dobbiamo accettare e affrontare se vogliamo veramente trovare la felicità. Ne parlerò più avanti nel libro ma, per ora, è sufficiente rendersi conto che l'innamoramento, come ogni altra cosa nella nostra vita, è impermanente - e potrebbe anche essere molto più impermanente di molte altre cose!

I MOLTI VOLTI DIVERSI DELL'AMORE

Ci sono, di fatto, molte forme di amore e l'amore romantico non è che un esempio di queste. L'amore è qualcosa che tutti gli esseri umani hanno la capacità di provare, indipendentemente dalla loro lingua, cultura e credenze. Anche se le nostre esperienze dell'amore sono limitate, abbiamo comunque un'idea di cosa significhi la parola "amore", eppure questa parola evoca in ognuno di noi una visione diversa di cosa sia o come dovrebbe essere.

Possiamo parlare di cinque tipi principali di amore, la maggior parte dei quali avremo già sperimentato a questa età: l'amore dei genitori, l'amore romantico, l'amore affettuoso, l'amore possessivo e l'amore compassionevole.

Ognuno di questi ha un'enfasi o un valore leggermente diverso, ma tutti condividono lo stesso potenziale di amore compassionevole. Questa è la forma definitiva di amore, poiché la felicità duratura si ottiene solo coltivando questa qualità. Può essere estremamente utile analizzare il valore e i difetti di queste varie forme d'amore, poiché tale consapevolezza può aiutarci a identificare come l'amore che abbiamo per gli altri può essere trasformato in qualcosa di ancora più ricco e significativo.

1. **L'amore parentale:** è spesso conosciuto come "amore materno" e descrive l'amore di una madre per i figli. In tempi moderni possiamo parlare anche di "amore paterno". L'amore parentale è intriso di pazienza, tolleranza e affetto. È spesso considerato "incondizionato" ma, in realtà, non è sempre così. Di solito è forte e costante, spesso dura tutta la vita, e certamente non si basa su così tante condizioni come le altre forme d'amore. Ciò comporta gioia e attenzione premurosa ma, a volte, anche un senso di possessività, che può portare a molto dolore quando i nostri figli cercheranno l'indipendenza e capiremo di avere poco controllo su come scelgono di agire. Se dovessimo pensare all'amore dei genitori in termini percentuali, potremmo avere il 50% di compassione e affetto, il 20% di possessività e circa il 30% di attaccamento.

2. **L'amore romantico:** questa forma potente e sentimentale di amore si manifesta come attrazione, passione e adorazione. Come detto sopra, inizialmente porta grande gioia, orgoglio e forza interiore. A volte si manifesta come amore compassionevole, ma di solito è intriso di un atteggiamento egocentrico e possessivo. Per esempio, possiamo essere travolti dall'attaccamento all'aspetto di una persona, alla sua reputazione o all'immagine che mostra di sé. Ciò può portare allo sviluppo di possessività, gelosia o ansia. Quasi sempre si tratta di una forma di amore condizionato e raramente è duraturo,

soprattutto se la nostra relazione si basa solo su sentimenti superficiali. L'amore romantico contiene generalmente circa il 30% di orgoglio, il 20% di possessività, il 30% di attaccamento e il 20% di affetto e compassione. Finché predominano gelosia, possessività e atteggiamenti egocentrici, questa forma d'amore è condizionata e insicura. Tuttavia, con una maggiore proporzione di affetto e compassione, le preoccupazioni egocentriche spariranno e si potrà sperimentare un più profondo senso di felicità. In questo modo l'amore romantico può diventare incondizionato.

3. **L'amore tenero:** questa forma d'amore suscita sentimenti di affetto verso altri esseri viventi come bambini, animali e animali domestici. Possiamo anche provare questo tipo di amore mentre siamo a contatto con la natura, l'arte, la musica o qualsiasi cosa che ispiri tali sentimenti. L'esperienza di calore che deriva dall'amore tenero è, di solito, accompagnata da un profondo senso di gioia che questo non dipende da nessuna condizione specifica. Piuttosto, è associato a sentimenti come la protezione, la tenerezza e la gentilezza. L'amore tenero contiene generalmente circa il 10% di orgoglio e possessività, il 20% di attaccamento, il 30% di compassione e il 40% di affetto.

4. **L'amore possessivo:** questa forma d'amore è associata a stati d'animo negativi o distruttivi come il desiderio, l'invidia, l'orgoglio o altri sentimenti superficiali. Un esempio potrebbe essere l'amore verso certi oggetti per vanità o per un desiderio di autogratificazione. Questa forma d'amore contiene circa il 50% di possessività e orgoglio, il 30% di attaccamento, il 20% di affetto e quasi niente compassione.

5. **L'amore compassionevole:** si riferisce alla comprensione genuina, all'empatia e all'affetto, oppure una condizione in cui c'è un'alta percentuale di queste qualità. È un sentimento di amore e di affetto

per tutti gli esseri viventi visti come uguali a noi stessi e non significa provare pietà o simpatia per gli altri che soffrono. Piuttosto è un affetto genuino, non giudicante e incondizionato per tutti gli esseri, indipendentemente dal loro aspetto, condizione o circostanze. La nostra capacità di abbracciare l'amore compassionevole varia enormemente. Credo che ognuno abbia il dovere naturale di sviluppare questa qualità, poiché è nell'interesse di noi stessi e degli altri farlo. In particolare può portare a gradi più alti di felicità e forza; può persino aiutarci a raggiungere l'illuminazione. La coltivazione dell'amore compassionevole richiede normalmente un elevato livello di riflessione e di allenamento della mente; tuttavia le persone eccezionali ce l'hanno naturalmente nel cuore. La compassione migliore è quella combinata con la saggezza; in questo modo il nostro affetto per gli altri diventerà genuino, puro e indistruttibile. Se ci affidiamo alla compassione o alla pietà solamente sarà difficile trovare una soluzione che sia veramente di beneficio agli altri. Potremmo finire, piuttosto, per sentirci scoraggiati dal fatto che le nostre azioni non sono realmente efficaci e la nostra compassione potrebbe diminuire ulteriormente. Allora com'è possibile sviluppare l'amore compassionevole? Può essere estremamente utile identificare quali forme d'amore sono presenti nelle nostre relazioni e poi sforzarsi di aumentare la proporzione di compassione, rispetto e gratitudine, riducendo la proporzione di attaccamento, ossessione per se stessi e orgoglio. Molti aspetti della nostra vita quotidiana sono influenzati da una cultura che non riesce ad enfatizzare l'importanza dell'amore compassionevole. È quindi fondamentale metterlo in pratica con i nostri partner, la nostra famiglia e le persone più vicine a noi. A partire da questa base potremo estendere l'amore incondizionato a tutti gli esseri viventi, con la fiducia che questo porterà a una mente più forte e una vita più felice. Per fortuna ci sono molti modelli meravigliosi della pratica di questa forma d'amore. Nella tradizione buddista sono conosciuti come bodhisattva, esseri che incarnano l'amore illimitato e incondizionato per tutti gli esseri viventi. Pertanto, indipendentemente da ciò che fanno, la loro vita è piena di gioia. La compassione dei bodhisattva è quella in cui la compassione genuina si sposa con la saggezza ed è anche conosciuta come "compassione del guerriero", il che significa che non ci sono circostanze che possano distruggerla o far sì che i bodhisattva dimentichino questa qualità. Tutti dovrebbero aspirare ad emulare questa qualità, poiché non riusciremo mai a superare completamente la sofferenza senza di essa. Noi tutti abbiamo il potenziale per raggiungere questa qualità, pertanto dovremmo fare del nostro meglio per coltivarla, indipendentemente dagli ostacoli sul nostro cammino.

RAGGIUNGERE GLI OBIETTIVI E LA FORZA DI CARATTERE

In qualsiasi fase della nostra vita ci troviamo è importante avere degli obiettivi, anche se questo è della massima importanza soprattutto quando siamo giovani e abbiamo tanto potenziale per raggiungerli. Gli obiettivi possono essere sia temporanei, come il finire un corso di studi, sia a lungo termine, come fare una scoperta importante o perseguire uno sviluppo spirituale. Gli obiettivi devono anche essere utili. Per esempio comprare una casa o una barca costosa non ci aiuterà a raggiungere la felicità futura, ma un obiettivo che comprende aiutare altre persone alla fine gioverà sia a noi stessi che agli altri. Senza obiettivi realistici e validi vivremo la nostra vita in uno stato infantile o di sogno, rischiando di andare alla deriva, senza sapere in quale direzione siamo diretti, e di non riuscire a realizzare il nostro potenziale per fare una differenza nel mondo.

Se siamo riusciti a stabilire almeno qualche obiettivo per la nostra vita, ciò è meraviglioso! Questo è il primo passo fondamentale; il secondo passo fondamentale è cercare di realizzare tali obiettivi. Le qualità mentali che dobbiamo coltivare per fare questo sono l'ambizione e l'impegno appassionato. Senza queste qualità qualsiasi obiettivo diventa solo una fantasia.

È importante avere anche una forte convinzione nella nostra capacità di raggiungere gli obiettivi che ci siamo prefissi. Se non abbiamo una convinzione totale nella nostra capacità di avere successo, ci saranno buone possibilità che ci arrenderemo quando si presenteranno circostanze scoraggianti. Se, al contrario, abbiamo una forte fiducia in noi stessi, allora non importa quali ostacoli ci saranno sulla nostra strada e non importa quante volte falliremo, continueremo sempre a provare e avremo così una grande possibilità di avere successo.

La capacità di continuare a perseverare indipendentemente dagli ostacoli che dobbiamo affrontare si può ricondurre alla forza di carattere. La pietra angolare di un carattere forte è una combinazione di fiducia in se stessi, disciplina e forza mentale, insieme ad un alto grado di appagamento mentale. Alcune persone nascono con queste caratteristiche, anche se la maggior parte di noi deve lavorare duramente su di esse, facendo attenzione a non svilupparne una a spese di un'altra! Con questo voglio dire che è importante sviluppare il nostro carattere con saggezza. Per esempio quando cerchiamo di sviluppare la fiducia in noi stessi potremmo cadere preda dell'orgoglio o addirittura dell'arroganza, oppure quando cerchiamo di sviluppare l'appagamento mentale potremmo finire per diventare noncuranti.

È importante monitorare costantemente sia i nostri pensieri che le nostre azioni e usare la saggezza per tenere sotto controllo la direzione che stiamo prendendo, esternamente e internamente. È qui che diventa molto utile avere un mentore o un maestro spirituale che ci guidi nello sviluppo delle nostre qualità mentali. Non importa se questo "mentore" ha un formazione religiosa o un alto livello di istruzione; il punto cruciale è che lui o lei abbia familiarità con le buone qualità di cui stiamo parlando.

NONCURANZA VS. APPAGAMENTO

A questo punto vorrei approfondire un po' di più l'argomento della noncuranza. Ho già detto che, quando si parla di coltivare l'appagamento, a volte le persone confondono questo con la noncuranza. Cosa intendo con ciò? Prendiamo, per esempio, qualcuno che sente dire che, per raggiungere la felicità, dobbiamo coltivare le nostre buone qualità interiori e imparare a essere contenti di quello che abbiamo, invece di volere sempre di più. A meno che non abbiamo una buona comprensione e saggezza, oppure un buon insegnante, potremmo pensare che tutto ciò che dobbiamo fare è avere un atteggiamento positivo e non preoccuparci di nulla. Sfortunatamente così facendo normalmente si perde di vista l'obiettivo e si diventa disorganizzati. Questo è ciò che intendo per noncuranza.

Un atteggiamento noncurante non ci aiuterà a raggiungere la felicità. Anche se avere una visione rilassata e calma a volte può essere benefico, possiamo cadere nell'estremo della noncuranza o nell'essere deboli di volontà. Sebbene sia importante essere soddisfatti della nostra condizione, è anche fondamentale rendersi conto del potenziale che abbiamo per cambiare la nostra situazione se ci impegniamo un po'. È possibile accontentarsi di ciò che abbiamo e del punto dove siamo arrivati pur continuando ad impegnarci per raggiungere i nostri obiettivi. Per fare un esempio, se dobbiamo fare la doccia con l'acqua fredda perché il sistema di riscaldamento dell'acqua si è rotto, possiamo essere "contenti" delle docce fredde per ora e non lasciare che questo disturbi la nostra pace mentale, ma questo non significa che non vogliamo aggiustarlo! Se siamo troppo compiaciuti della condizione attuale perderemo molte opportunità e il nostro potenziale per migliorarci potrà rimanere inespresso.

Se cadere nella noncuranza è un estremo che ci porta lontano dalla vera soddisfazione, l'altro estremo è l'incapacità di essere soddisfatti della nostra situazione. Non importa quanto buone possano apparire le nostre circostanze esterne, se siamo sempre insoddisfatti, vorremo costantemente di più e non riusciremo ad apprezzare ciò che abbiamo già. Questo atteggiamento è spesso radicato in una mentalità di competitività e invidia, che ci fa voler essere migliori degli altri oppure orgogliosi dei nostri successi. Purtroppo questo atteggiamento è spesso incoraggiato dalla società in cui viviamo.

Recentemente ho letto uno studio relativo ad un sondaggio in cui si chiedeva alle persone di rispondere alla seguente domanda: "Preferiresti avere un lavoro in cui guadagni 100.000 dollari all'anno e tutti gli altri guadagnano 80.000 dollari, oppure preferiresti un lavoro in cui tu guadagni 150.000 dollari all'anno mentre gli altri nel tuo posto di lavoro guadagnano 200.000 dollari?" La risposta mi sembrava ovvia: la maggior parte delle persone vorrebbe guadagnare di più. Tuttavia la maggioranza delle persone aveva scelto di guadagnare meno soldi, pur di ricevere uno stipendio più elevato dei colleghi!

Penso che questo fornisca un'immagine significativa della natura umana: ci piace essere migliori degli altri e siamo insoddisfatti quando non riusciamo ad esserlo. Tuttavia, se pensiamo che avere un milione di dollari ci renderebbe felici e alla fine conseguiamo il nostro obiettivo, questo non ci farà necessariamente raggiungere la felicità. Potremmo invece pensare che abbiamo bisogno di due milioni, cinque milioni o addirittura dieci milioni di dollari per essere felici! È raro trovare la vera contentezza quando la nostra mente è concentrata sull'accumulo di ricchezza materiale.

Se utilizzassimo il tempo che dedichiamo a guadagnare denaro per sviluppare l'autodisciplina e l'appagamento nella nostra mente e nel nostro cuore, il nostro tempo sarebbe speso meglio. Scoprendo la ricchezza dell'appagamento saremmo sempre felici, avendo trovato una vera fonte di ricchezza. Inoltre avremmo maggiori probabilità di essere sani perché una mente soddisfatta porta serenità e, come molti studi scientifici ora dimostrano, una mente serena è necessaria per avere un corpo sano. Una mente sana e senza stress, per esempio, può portare a una riduzione della pressione sanguigna e della frequenza cardiaca, a una migliore funzione immunitaria e a benefici in un'ampia gamma di patologie, tra cui malattie cardiache, diabete e cancro. Quindi l'appagamento non fa bene solo alla mente, ma anche al corpo.

IL COME E IL PERCHÉ DELLA COMPASSIONE

Tutti conoscono la parola "compassione" e tutti sono d'accordo che si tratti di una cosa positiva. Allora perché facciamo difficoltà a raggiungerla? Sebbene le persone menzionino la compassione quasi ogni giorno, la nostra società ci incoraggia a concentrarci principalmente su noi stessi. Benché possiamo aver sentito parlare di empatia e compassione, di solito non ci esercitiamo a sviluppare queste qualità o le abilità necessarie a conservarle. Anche se occasionalmente sentiamo parlare dei vantaggi della pratica della compassione, raramente comprendiamo il suo vero significato e di rado apprezziamo i suoi benefici a breve e a lungo termine.

Molte persone pensano che la compassione si applichi solo alle situazioni in cui c'è qualcuno che sta soffrendo e che significhi sentirsi tristi e infelici per la persona che soffre. Dispiacersi per una persona che sta soffrendo è importante ed è un buon primo passo, ma è molto lontano dalla compassione autentica, in cui siamo pronti ad agire sulla base di tale sentimento. Questo non significa soffrire al posto degli altri, bensì preparare la mente ad essere pronta a rimuovere la sofferenza degli altri, indipendentemente da quanto ciò possa essere difficile. Possiamo, poi, agire sulla base della motivazione di aiutare gli altri che stanno soffrendo fisicamente, oppure incoraggiarli a pensare in un modo più abile se stanno soffrendo mentalmente. Con questa intenzione pura, o qualità, nella nostra mente, saremo benedetti da un senso di pace interiore e di capacità di affrontare le situazioni avverse, essendo molto meno preoccupati dei nostri problemi.

La maggior parte degli esseri umani, religiosi o no, concorda sul fatto che la compassione è una virtù molto importante ma, se guardiamo bene, possiamo notare che ci sono molti livelli diversi di compassione.

Il primo livello è quello in cui ci si commuove vedendo soffrire delle persone vicine a noi. Per esempio, se un nostro amico è coinvolto in un incidente d'auto in seguito al quale non è più in grado di camminare oppure conosciamo qualcuno che sta morendo di cancro, allora siamo motivati a fare del nostro meglio per offrire aiuto e conforto.

Il secondo livello è quello in cui si è mossi a compassione dalla sofferenza di tutti gli esseri umani, comprese le persone di tutte le religioni e di tutti i ceti sociali. Se ascoltiamo la notizia di un terremoto al telegiornale, anche se non conosciamo le vittime, potremmo essere spinti a fare il possibile per aiutarle. Quando sentiamo parlare delle conseguenze del riscaldamento globale potremmo sviluppare compassione per tutte le persone che ne saranno colpite.

Il livello successivo è quello di sviluppare compassione per tutti gli esseri senza alcun pregiudizio. Ci rendiamo conto che tutti gli esseri, compresi i nostri nemici e coloro che compiono azioni malvagie, desiderano essere felici ed evitare la sofferenza quanto noi, perciò, comprendendo che sono sotto il controllo delle loro debolezze, proviamo compassione per loro proprio come facciamo per coloro che ci sono vicini. Non solo gli esseri umani, ma tutti gli animali, che hanno anche la capacità di provare piacere e dolore, diventano oggetto della nostra compassione. Così, se vediamo un ragno o una zanzara, non lo uccideremo semplicemente perché lo troviamo irritante. Al contrario, saremo profondamente consapevoli del suo diritto alla vita.

Il quarto livello di compassione si basa sulla profonda saggezza che ci rende consapevoli delle cause più profonde della sofferenza, non solo della sofferenza attuale che vediamo intorno a noi. Anche se tutti gli esseri viventi desiderano essere felici, ci rendiamo conto che, a causa dell'ignoranza e delle azioni sbagliate, essi creano continuamente le cause della sofferenza per loro stessi. Perché un alcolizzato si ubriaca e agisce in modo irresponsabile, oppure un ladro o un assassino agisce come sono soliti fare? Anche se possiamo dire che hanno una "dipendenza", stanno comunque cercando un qualche tipo di soddisfazione o appagamento, ma creano sofferenza per loro stessi e per gli altri con le loro azioni poco sagge. Poiché non si rendono conto di ciò, la causa principale della loro sofferenza è l'ignoranza.

Anche le persone ricche e famose non sono immuni alla sofferenza: soffrono quando le condizioni che alimentano la loro fortuna si esauriscono. E questo non è tutto. In ogni momento hanno sempre qualcosa di cui preoccuparsi; forse sono insoddisfatti del loro aspetto oppure sono gelosi di qualche nuova celebrità popolare. Hanno anche una famiglia di cui si preoccupano, ad esempio i genitori anziani o i figli. Pertanto, non importa quanto buona o cattiva sembri la situazione delle persone, nessuno è ancora libero dalla sofferenza. Se riflettiamo attentamente, vediamo che praticamente tutti sono continuamente immersi in qualche tipo di sofferenza o stanno creando le cause per una sofferenza futura. Con questa comprensione la nostra compassione diventerà ancora più profonda.

Infine, il più alto livello di compassione si basa sulla comprensione dell'assenza del sé. Ciò significa vedere che tutto è interdipendente e privo di sostanza, data che nulla esiste veramente di per se stesso. Questo è un concetto di grande portata e molto profondo che costituisce l'essenza della filosofia buddista. Per dare un'idea di tutto questo, immaginiamo di poter leggere la mente di qualcuno che sta sognando e sperimenta sofferenze terribili in un luogo infernale. Sappiamo che questo è solo un sogno che questa persona ha creato nella sua mente, ma lei non ne è consapevole. Pertanto desideriamo più di ogni altra cosa svegliarla da questo sogno perché siamo in grado di vedere direttamente l'incredibile potenziale di felicità che potrebbe raggiungere se si rendesse conto che il sogno non è vero. Con questa realizzazione sorgerà spontaneamente un profondo livello di compassione.

Da un altro punto di vista, comprendere l'assenza del sé significa capire che non esistono un "io" e un "altro" intrinsecamente esistenti. Quando la barriera tra noi e gli altri si scioglie, la nostra felicità non è più importante di quella degli altri. La compassione per tutti gli esseri sorge allora in modo naturale. Questa non è una cosa facile da comprendere per tutti ma, di tanto in tanto, possiamo averne un assaggio attraverso l'esperienza diretta.

Come può una comprensione più profonda della compassione essere utile alla nostra vita quotidiana? Immaginiamo di avere improvvisamente una discussione con qualcuno. Potremmo pensare che è una persona cattiva, che ha torto e noi abbiamo ragione; e in quel momento potremmo sentire un forte senso di separazione tra "io" e "altro". Tuttavia, se analizziamo la situazione da vicino e ci mettiamo nei suoi panni, scopriremo che ci sono molte cause e condizioni che non abbiamo preso in considerazione quando siamo saltati alla conclusione che il nostro avversario ha torto. Saremo in grado di cogliere molti fattori che hanno contribuito alle cause della discussione. Potremmo scoprire che quella persona ha avuto una brutta giornata, che anche noi siamo in difetto, oppure che c'è un enorme malinteso alla base del contrasto.

Quando realizziamo che c'è sempre una vasta rete di fattori interdipendenti in gioco, vediamo la realtà in maniera molto più chiara e ci avviciniamo a comprendere la verità dell'assenza del sé. Non c'è più una base per la rabbia; avremo, invece, una naturale empatia e pazienza poiché capiremo che tutti vogliono solo essere felici e che, pertanto, ogni conflitto è senza senso.

Se comprendiamo veramente che ogni essere vivente cerca la felicità e vuole evitare la sofferenza, proprio come noi, allora la nostra compassione sarà stabile, senza senza nessuna riserva. Tuttavia questo è difficile da raggiungere e, di fatto, la nostra compassione sarà, a volte, limitata. Nonostante ciò, praticare la compassione, a qualsiasi livello, è comunque di beneficio. Ricordate che potrebbero volerci molti anni per sviluppare un senso di compassione veramente stabile e imparziale. Dobbiamo anche tenere a mente che la compassione non consiste semplicemente nel sentirsi tristi quando gli altri soffrono, ma implica anche una sensibilità che ci permette di capire gli altri. Compassione e sensibilità portano a sentirsi più aperti e vicini agli altri.

GENEROSITÀ, PAZIENZA E GRATITUDINE

Un modo naturale per esprimere compassione è l'essere generosi e pazienti, mostrando un senso di gratitudine per qualsiasi cosa abbiamo. Soprattutto durante i primi anni dell'età adulta, queste azioni ci indirizzano saldamente verso una vita felice, appagante e significativa.

Essere generosi non significa donare tutti i nostri averi agli altri. Significa esercitarsi ad evitare l'avidità o la pigrizia ed essere mentalmente preparati e disposti ad aiutare gli altri offrendo oggetti materiali, tempo e altre forme di assistenza quando necessario. Essere generosi significa anche essere pazienti, essere capaci di perdonare e lasciare andare prontamente la rabbia o il risentimento.

Pazienza significa che, quando qualcuno è arrabbiato con noi o ci tratta in maniera irragionevole, non reagiamo negativamente ma ci comportiamo, invece, con calma, buon senso e compassione. La pazienza include anche la perseveranza nel raggiungere i nostri obiettivi, comprese le situazioni in cui ci troviamo di fronte a delle difficoltà. Non significa, però, aspettare inerti che gli eventi si verifichino, senza cercare soluzioni alternative, oppure accettare le circostanze avverse senza cercare di cambiare la nostra situazione. Questa sarebbe noncuranza.

Gli atleti allenano i loro corpi con grande pazienza e sono, generalmente, molto più felici di coloro che sono inattivi. I benefici e il valore di allenare la nostra mente alla pazienza e alla generosità saranno molto più grandi di quelli ottenuti dagli atleti. È particolarmente di beneficio praticare la pazienza e la generosità con la parola e le azioni nella nostra vita quotidiana. Potremo così sviluppare una sensazione naturale che queste qualità siano sempre con noi. Dopo un po' di tempo vivere in questo modo diventerà un'immensa fonte di gioia. Ricordate che, anche se ci potrebbe sembrare di essere pazienti o generosi per il bene di qualcun altro, è difficile prevedere quanto le altre persone beneficeranno dalle nostre azioni. Noi, d'altra parte, ne trarremo sempre giovamento.

La maggior parte dell'insoddisfazione e dell'infelicità che sperimentiamo nella nostra vita deriva da una mancanza di apprezzamento delle molte cose preziose che abbiamo. Per esempio, quando siamo in salute, ci dimentichiamo di apprezzare le nostre facoltà mentali, la nostra capacità di vedere e sentire, o le nostre capacità fisiche. Ci dimentichiamo di essere grati per la nostra preziosa esistenza umana quando tutto va bene ma, quando scopriamo di avere il cancro o qualche altra grave malattia, improvvisamente ci rendiamo conto di quanto eravamo fortunati. Tutti coloro che subiscono un trauma o una malattia si rendono conto del valore della buona salute che avevano prima. È meglio imparare ad apprezzare la nostra buona salute ogni giorno ed esserne felici ora piuttosto che aspettare di apprendere questa lezione da qualche futura disgrazia.

Se riflettiamo attentamente scopriremo che ci sono molte cose per cui possiamo essere grati. Tuttavia, più di ogni altra cosa, le persone a noi vicine e i nostri cari sono quelli che meritano davvero la nostra gratitudine. C'è una storia dell'epoca del Buddha che illustra questo:

Una volta il Buddha incontrò un mercante di nome Sigala e lo vide inchinarsi alle sei direzioni: est, ovest, sud, nord, alto e basso. Il Buddha chiese a Sigala perché avesse eseguito questo rituale ed egli rispose che

suo padre gli aveva detto di inchinarsi nelle sei direzioni ogni mattina, anche se non ne conosceva lo scopo. Il Buddha rispose: "Inchinarsi
è una pratica che può portare felicità sia nel presente che nel futuro".
Disse a Sigala che poteva meditare sulla gratitudine verso i suoi genitori quando si inchinava a est e sulla gratitudine verso i suoi insegnanti
quando si inchinava a sud. Inchinandosi a ovest poteva meditare sulla
gratitudine per la sua famiglia e, inchinandosi a nord, poteva meditare
sulla gratitudine per i suoi amici. Inchinandosi verso il basso poteva
meditare sulla gratitudine per quelli che lo aiutavano nel suo lavoro e
infine, inchinandosi verso l'alto, poteva meditare sulla gratitudine per
tutte le persone sagge e virtuose.

LA NECESSITÀ DI ALLENARE LA MENTE A SVILUPPARE QUALITÀ INTERIORI

A questo punto vorrei ribadire l'importanza di impegnarsi costantemente per coltivare le qualità interiori che portano alla felicità, piuttosto
che affidarsi a fattori esterni fuori dal nostro controllo. Tutti desiderano
essere sempre felici, ma ciò è possibile nella misura in cui siamo disposti
a coltivare le condizioni primarie per la felicità.

Non c'è niente di male nel lavorare per raggiungere condizioni secondarie della felicità come l'istruzione, la carriera, le relazioni o le vacanze. Ma la cosa più importante è individuare le condizioni primarie della
felicità, che si trovano nelle nostre qualità mentali, e metterle in pratica
concretamente. Perché mai? In primo luogo, è estremamente difficile
rendere perfette tutte le nostre circostanze e, anche se fossimo in grado
di ottenere le circostanze perfette in questo preciso istante, potremmo
presto diventare insoddisfatti di ciò che abbiamo se non sviluppiamo
prima le nostre qualità interiori.

Se non abbiamo sviluppato la gratitudine, potremmo non riuscire a
vedere le cose preziose che già possediamo e avremo ben poca felicità

anche nelle circostanze più fortunate. Se non abbiamo disciplina, potremmo annoiarci facilmente e perdere la concentrazione quando le circostanze non sono di nostro gradimento. Se non abbiamo sviluppato la pazienza, perderemo la calma e la pace della mente quando ci troveremo di fronte a situazioni difficili. Perciò, più dipendiamo dalle circostanze esterne per la nostra felicità piuttosto che da queste qualità interiori, più diventiamo sensibili anche alla minima difficoltà. In questo modo prenderemo l'abitudine di soffermarci sulle situazioni negative e troveremo difficile apprezzare e godere della buona fortuna quando ci verrà incontro.

In generale, allenare la nostra mente ad adottare nuove qualità mentali comporta tre passaggi. Prima dobbiamo familiarizzarci con i vantaggi della nuova abitudine che vogliamo adottare e gli svantaggi del vecchio modo di agire che vogliamo abbandonare. Poi dobbiamo impegnarci in un rituale di autoriflessione, passando brevi periodi regolari durante la giornata ad acquisire familiarità con la nuova abitudine. Infine, dobbiamo interiorizzare la consapevolezza della nostra nuova abitudine, rendendola una parte di noi che è costantemente presente. Per esempio, se vogliamo migliorare la nostra compassione, possiamo riflettere su come ciò aiuterà la nostra mente a sviluppare forza interiore e contentezza e a migliorare le nostre relazioni con gli altri. Dovremmo quindi impegnarci quotidianamente a riflettere sulla compassione e praticarla ogni volta che se ne presenta l'occasione. Attraverso questo esercizio quotidiano, in un periodo di mesi o anni, il nostro cuore si espanderà, cosicché la compassione diventerà una parte intrinseca della nostra vita.

È facile pensare di aver capito qualcosa se riusciamo facilmente a dargli un senso, oppure se ci appare ovvio. Le nostre menti, tuttavia, sono come delle foglie trascinate dal vento in molte direzioni diverse e ascoltare o leggere qualcosa solo una volta non sarà sufficiente a cambiare il nostro modo di pensare o di agire. Perciò è fondamentale riflettere più e più volte su qualsiasi insegnamento che vogliamo applicare alla nostra vita, non importa quanto possa sembrarci ovvio fin da subito. Dobbiamo anche tenere a mente che la felicità si raggiunge in modo progressivo, momento per momento e esperienza per esperienza. Non sorgerà improvvisamente dopo un evento o una rivelazione che ci cambierà la vita.

Se, tuttavia, ci concentreremo costantemente sullo sviluppo delle qualità interiori, allora la felicità potrà diventare una condizione primaria, stabile e costante. Non potremo perdere questa condizione finché saremo vivi e nessuno potrà portarcela via.

ESERCIZIO - RIFLETTERE SULLA VOSTRA GIORNATA

Mettete da parte circa quindici minuti ogni mattina e ogni sera. Al mattino controllate il vostro atteggiamento prima di iniziare la giornata. Siete grati di essere vivi e di vivere in un paese dove le circostanze rendono la vita così facile rispetto ad alcuni paesi del terzo mondo? Siete determinati a usare questo giorno con saggezza e a praticare la compassione al meglio delle vostre possibilità, rimanendo fedeli ai vostri valori più profondi? Nel vostro lavoro e nelle vostre relazioni siete disposti ad essere pazienti se le cose non andranno come vi aspettate?

Alla sera riflettete sulla giornata appena trascorsa. Pensate alle persone con cui avete parlato, ai luoghi che avete visitato e alle cose belle e brutte che sono successe. Per cosa potete provare gratitudine? Potreste scrivere una lista di cinque o dieci cose in un "diario della gratitudine".

Sedetevi con la schiena dritta, rilassate tutti i muscoli e fate qualche bel respiro profondo. Cercate di rimanere rilassati, con una naturale sensazione di appagamento e di gioia, e pensate a come potete rendere la giornata di domani davvero significativa e preziosa.

L'età dell'esperienza

La gente in Occidente è spesso piuttosto negativa riguardo all'invecchiamento e molti vedono questa fase della vita come l'inizio di una discesa verso una cattiva salute e, prima o poi, la morte. Tuttavia le persone in questa fascia d'età sono per molti aspetti in una posizione migliore di un giovane per raggiungere la felicità. Ciò avviene perché a questa età abbiamo già vissuto una quantità sostanziale di esperienze e la maggior parte delle persone è riuscita a raggiungere una certa saggezza, oppure abbiamo almeno tanto materiale a disposizione su cui riflettere. Molte persone hanno incontrato degli ostacoli nella loro vita, specialmente dal punto di vista finanziario, emotivo o fisico, e così si rendono conto che non possono contare su condizioni esterne per essere felici, ma devono trovare queste condizioni all'interno di se stesse. Grazie a tale comprensione sarà molto più facile coltivare le necessarie qualità interiori che portano alla felicità.

Anche quando raggiungiamo questa età, sia che siamo single o in una relazione, cerchiamo ancora di raggiungere la felicità ed evitare la sofferenza. Ho cercato di identificare i problemi che le persone in questa fascia d'età si trovano comunemente ad affrontare e cercherò di fornire una guida pratica per ciascuno di essi.

LA VITA DA SINGLE

Il fatto di non essere sposati o impegnati in una relazione a lungo termine in questa fase della nostra vita potrebbe essere dovuto a molte ragioni. Potremmo aver provato a vivere con uno o più partner e, per qualche motivo, queste relazioni non hanno funzionato, oppure il nostro partner potrebbe essere morto. Forse non abbiamo mai incontrato la persona giusta o forse non abbiamo mai voluto avere una relazione. Indipendentemente dalla ragione, molte persone single a questa età si sentono sole e fuori posto in un mondo in cui non avere un partner può essere visto come un fallimento.

Tuttavia, se guardiamo a questa situazione da una diversa prospettiva, essere single a questa età può essere una meravigliosa opportunità. Abbiamo sperimentato molte cose e possiamo aver imparato per esperienza personale che molte delle attività a cui dedichiamo la nostra vita sono alla fine inutili o prive di significato. Perseguire un certo obiettivo può aver avuto un grande significato per noi in passato, eppure a volte possiamo avere la sensazione che questo sia "concluso" o che abbiamo imparato ciò che dovevamo imparare e che, se ci diamo un po' di spazio, emergerà qualcosa di nuovo e più significativo. Tutto ciò è come sbucciare una cipolla, strato dopo strato, in modo da poter rivelare gradualmente uno scopo più profondo.

Con questo tipo di saggezza e senza un partner, ci sono molte opportunità che possono aprirsi per noi. Possiamo iscriverci all'università e iniziare un nuovo corso di studi. Potremmo viaggiare per il mondo, imparare una nuova lingua, scrivere un libro o iniziare una nuova attività per servire la nostra comunità locale. Anche se può sembrare poco convenzionale, potremmo persino entrare in un monastero oppure dedicare la nostra vita a raggiungere la realizzazione spirituale, conducendo una vita semplice che ci permetta di sviluppare veramente la pace della mente. Possiamo fare tutte queste e molte altre cose meravigliose se non abbiamo un partner o una famiglia di cui siamo responsabili.

Vita monastica

Oggi la vita monastica potrebbe sembrare un'idea non convenzionale a molte persone. Dopo tutto possiamo immaginarla come un'esistenza sterile e noiosa, con monache e monaci rinchiusi lontano dal mondo, che seguono regole severe e non possono divertirsi. Vorrei accennare un po' alla vita monastica buddista, perché potrebbe essere molto diversa da quella che molte persone si aspettano. Non sto certamente cercando di presentare il buddismo come la "migliore" religione o il "migliore" modo di vivere, bensì desidero condividere la mia esperienza personale con la speranza che possiate trovarla utile. Ho vissuto come monaco buddista per molti anni e, quindi, posso parlarvi di questo tipo di vita con una certa sicurezza.

Il vero obiettivo di un monaco buddista non è quello di avere una vita felice o piacevole, ma piuttosto di raggiungere l'illuminazione. Tuttavia, se passiamo la nostra vita lavorando per raggiungere uno stato di illuminazione, allora vivremo naturalmente una vita felice e serena. In Occidente vedo spesso uomini e donne soli e infelici; ciò mi fa pensare alla meravigliosa opportunità che potrebbero avere di vivere una vita monastica serena.

Perché dico questo? Il fondamento della vita monastica è la rinuncia. Quando sono stato ordinato monaco avevo solo diciotto anni. Non avevo sofferto per delusioni amorose, difficoltà finanziarie o altri tipi di dispiaceri. Avevo vissuto soltanto momenti piacevoli con gli amici e la famiglia, e mi ero persino innamorato - e volevo continuare ad avere tutte queste cose! Pertanto, all'inizio avrei dovuto trovare la vita monastica difficile; tuttavia mi è stato ancora possibile sviluppare la rinuncia attraverso il potere della pratica buddista. Se, d'altra parte, abbiamo già sperimentato una delusione d'amore e altri dispiaceri possiamo volgere questo a nostro vantaggio, lasciando che queste esperienze ci ispirino ad una vera rinuncia.

Cosa significa dedicare la nostra vita al raggiungimento dell'illuminazione? Fondamentalmente questa idea si basa su un insegnamento del Buddha chiamato le *quattro nobili verità*. Il Buddha non ha insegnato queste verità per convertire le persone al buddismo, ma piuttosto per mostrare ad ogni essere vivente la via d'uscita dalla sofferenza. Pertanto queste verità si applicano a tutti:

1. La natura della vita è la sofferenza o l'insoddisfazione.
2. La sofferenza non è casuale, ma ha una causa: le nostre emozioni negative, le nostre passate azioni negative e la nostra tendenza ad aggrapparci a un'idea impropria di "sé" e "altro".
3. La completa libertà dalla sofferenza, o l'illuminazione, è possibile.
4. Il cammino verso l'illuminazione comporta l'eliminazione delle cause della sofferenza attraverso la disciplina, la concentrazione e la saggezza (ovvero il percorso chiamato il Nobile Ottuplice Sentiero).

Queste verità non sono delle teorie intellettuali o delle speculazioni filosofiche, ma sono state scoperte attraverso l'esperienza diretta del Buddha nella meditazione. Molte altre persone dedite alla meditazione e alla contemplazione hanno raggiunto in seguito la stessa esperienza, confermando queste scoperte più o meno nello stesso modo in cui uno scienziato ripete un esperimento molte volte per verificare una scoperta scientifica. Inoltre i neofiti sono incoraggiati a non accettare nessuna di queste idee con fede cieca, ma piuttosto ad analizzarle e metterle alla prova attraverso la loro esperienza, proprio come si esamina l'oro per verificare la sua purezza.

Lo scopo della vita monastica buddista, quindi, è quello di seguire questo percorso ben collaudato in un ambiente in cui ci sono poche distrazioni. Ciò permette di condurre una vita semplice e di concentrare la mente sull'eliminazione delle cause principali della sofferenza, proprio come avevano fatto il Buddha e i suoi numerosi seguaci. Lungi dall'essere una ricerca egocentrica, l'obiettivo di questo tipo di vita è quello di aumentare la nostra forza mentale in modo da poter sviluppare una maggiore capacità per aiutare gli altri. Solamente quando avremo capito noi stessi come superare la sofferenza potremo veramente aiutare gli altri a fare lo stesso.

Spesso, quindi, parliamo di "illuminazione per il bene degli altri"; in questa prospettiva stiamo cercando di raggiungere molto di più che la nostra salvezza personale. Seguendo tale direzione, molti dei grandi maestri spirituali tibetani della scorsa generazione, come il mio maestro Lama Lobsang Trinley e il grande sedicesimo Karmapa, dedicarono molti anni a coltivare la mente dell'illuminazione. Ciò comportò l'allontanamento dalla vita di tutti i giorni per diversi anni per impegnarsi intensamente nella pratica del ritiro; ma, una volta raggiunta la vera realizzazione, la loro capacità di agire per il beneficio degli altri divenne straordinaria. Lo stesso si può dire anche dei grandi esseri delle altre tradizioni, come Gesù Cristo.

La vita monastica buddista è probabilmente abbastanza simile in tutti i paesi. Avendo sperimentato solo la vita monastica in Tibet, tuttavia, questa è l'unica esperienza che posso condividere con voi. La prima cosa che dovremmo sapere è che, se la nostra motivazione è pura, qualsiasi monastero ci accoglierà e potremo rimanere là tutto il tempo che vorremo. La seconda cosa è che, se non siamo in grado di mantenerci da soli, non c'è generalmente nessun obbligo di pagare l'alloggio, il cibo o altre spese. Tuttavia non sto suggerendo di entrare in un monastero per sfuggire alle responsabilità del mondo - è fondamentale che la nostra motivazione sia sincera e, poiché gli occidentali sono di solito abbastanza ricchi per gli standard tibetani, è naturale che dovremmo essere generosi se siamo in grado di farlo. Sarebbe sbagliato approfittare della generosità di un monastero e porterebbe soltanto a conseguenze negative.

Conosco molte persone che credono di non avere il livello di studio o di conoscenza necessari per entrare in un monastero, ma questo è un falso presupposto. Come in ogni luogo di apprendimento, all'interno di un monastero vi sono individui che hanno raggiunto livelli di capacità diversi. Ci sono sia monaci o monache che si distraggono facilmente nella loro pratica, sia quelli che hanno raggiunto un livello di eccellenza. Stare in un monastero buddista non significa necessariamente dover dedicare tutto il nostro tempo allo studio o alla pratica del buddismo. Anche se, di solito, siamo obbligati ad aderire ad una rigida routine quotidiana e a mantenere una condotta esemplare, c'è anche molto tempo libero che possiamo utilizzare nel modo più adatto ai nostri interessi e talenti. Per esempio possiamo offrire aiuto nella manutenzione dei computer del monastero piuttosto che studiare tutto il tempo.

Comunque, indipendentemente dal ruolo che svolgiamo, non c'è possibilità di sperimentare la solitudine o l'isolamento. Nella lingua tibetana c'è una parola che può essere tradotta come "solitudine", anche se la maggior parte delle persone non capisce appieno cosa significhi perché non hanno familiarità con questa esperienza. In tutta onestà, io stesso non ho capito il significato della solitudine o della depressione fino a quando non sono venuto in Occidente.

Se stiamo considerando una vita monastica, dovremmo prima familiarizzarci con le diverse tradizioni monastiche che esistono oggi nel mondo e chiederci quale tipo di stile di vita sarebbe più adatto al nostro sviluppo spirituale. Se, per esempio, siamo stati cresciuti come cristiani e abbiamo una forte fede in questa tradizione, potrebbe essere più adatto per noi entrare in un ordine monastico cristiano. Se desideriamo concentrarci più intensamente sulla pratica della meditazione, la tradizione della foresta del buddismo Theravada della Thailandia o la tradizione Zen potrebbero essere buone opzioni da esplorare. Altre tradizioni, invece, pongono maggiore enfasi sullo studio oppure su progetti basati sulla comunità. Potremmo essere attratti dall'entrare in una comunità monastica in un paese straniero, ma imparare una nuova lingua è una barriera significativa. Tuttavia l'apprendimento avviene in modo naturale una volta che siamo immersi in una nuova lingua e, dopo diversi anni, la comunicazione costituisce raramente un problema.

Sfortunatamente la cultura occidentale è spesso inconsapevole del valore dello sviluppo spirituale e dei suoi benefici. Per questo motivo non è facile trovare un percorso autentico che sia sostenuto finanziariamente. Un'altra opzione è, quindi, quella di diventare parte di un gruppo o di una comunità laica. Al giorno d'oggi un certo numero di organizzazioni fornisce supporto a coloro che desiderano percorrere questo cammino. Invece di indossare gli abiti monastici e attenersi ai precetti di un monaco o di una suora ordinati, queste persone vivono una "vita esteriore" che è simile a quella degli altri, poiché continuano a dedicarsi agli impegni del lavoro e della vita familiare, ma la loro vita interiore è diversa; hanno scelto di semplificare la loro vita per fare spazio alla meditazione, allo studio degli insegnamenti spirituali e all'impegno di mettere in pratica questi insegnamenti in ogni aspetto della loro vita. Potrebbero anche decidere di prendersi del tempo da dedicare regolarmente a periodi di ritiro.

Dobbiamo ricordare, tuttavia, che la ricerca di un "sentiero autentico" non è qualcosa da intraprendere alla leggera; ci sono molti "maestri spirituali" che promettono grandi cose ma, con un'attenta analisi, troveremo che i loro insegnamenti mancano di autenticità, sono coinvolti in situazioni controverse oppure presentano elementi simili ad un culto. Il compito di trovare un sentiero adeguato ed efficace richiede grande abilità e discernimento, un'attenta riflessione sulla nostra motivazione e un'onestà spietata. Dobbiamo anche essere consapevoli della nostra tendenza a sviluppare attaccamento ai concetti spirituali o a certe aspettative, atteggiamento che potrebbe distrarci dal progredire nel cammino spirituale o dal trovare un sentiero autentico.

Non c'è garanzia che non ci troveremo ad affrontare difficoltà e incomprensioni anche una volta che ci siamo impegnati in un particolare percorso. Potremmo, per esempio, incontrare persone che ci danno consigli inutili o confusi, oppure potremmo scoraggiarci quando coloro che ci circondano non praticano ciò che predicano. In questa situazione è fondamentale continuare a controllare che la nostra motivazione sia genuina e continuare a fare affidamento sul nostro buon senso e sulla nostra corretta capacità di giudicare, piuttosto che sulla fede cieca. Se un percorso chiaramente non ci soddisfa o non ci porta benefici, dovremmo avere il coraggio di lasciarlo, con tatto e con grazia. Dovremmo evitare di essere eccessivamente critici o di cercare qualsiasi forma di ritorsione perché, alla fine, potremmo danneggiare noi stessi. Se la nostra motivazione è pura e sincera, e abbiamo fatto uno sforzo per studiare insegnamenti autentici, sarà solo una questione di tempo prima che riusciamo a incontrare un insegnante autentico.

VITA DA LAICO

Molte persone pensano, o addirittura sognano, di rinunciare al mondo ed entrare in un monastero, ma spesso sentono di avere delle responsabilità a cui non possono rinunciare, per esempio verso i genitori anziani o i figli. Tuttavia, se la propria rinuncia è forte e pura, si può comunque essere in grado di rinunciare a beni, carriera e famiglia per seguire in maniera più completa una vita spirituale. Ciò era spesso il caso dei monaci buddisti più eccezionali e anche del Buddha stesso, che sacrificò la sua vita nel lusso, la sua posizione di erede al trono, sua moglie e il suo giovane figlio per raggiungere l'illuminazione. Quindi, se l'attrazione per la vita monastica è abbastanza forte, il mio consiglio è che dovremmo assolutamente perseguire questa strada!

Tuttavia questo non significa che dobbiamo dedicare la nostra vita al conseguimento spirituale per essere felici. Se non riusciamo a relazionarci con questa idea, allora abbiamo una scelta: cercare un nuovo partner o rimanere single. Come già detto, la vita da single offre molti vantaggi, con molte opportunità di studiare, viaggiare, incontrare persone ed esplorare interessi diversi. Molte porte sono aperte e certamente non dobbiamo sentirci soli. Impegnandoci in gruppi o organizzazioni locali possiamo sentirci parte di una comunità e trovarvi compagnia e amicizia. Tuttavia, se ci accontentiamo di condurre una vita semplice e tranquilla, non abbiamo necessariamente bisogno di obiettivi o attività che ci tengano occupati. Anche senza un partner, non saremo mai soli se troviamo la vera soddisfazione dentro di noi.

E se abbiamo sempre voluto sposarci ma non siamo mai riusciti a trovare la persona giusta? Da un punto di vista orientale tradizionale, a quest'età potremmo aver "perso la nave" ma, al giorno d'oggi, le persone si sposano in ogni fase della vita e l'età non conta più di tanto. Avendo una prospettiva più saggia e matura, con molte esperienze di vita alle spalle, è probabile che prenderemo decisioni più sagge quando si tratta di relazioni. Tuttavia ci sono anche degli svantaggi. Un uomo più anziano che sposa una giovane donna, per esempio, potrebbe sentirsi insicuro e geloso degli uomini più giovani. La cosa più importante da ricordare è che, sia ci sposiamo da giovani oppure da vecchi, o addirittura se ci sposiamo o meno, non possiamo mai dire con certezza quale sarà il destino migliore e quale strada ci porterà più felicità. Le condizioni che portano alla felicità si coltivano dall'interno e non dovrebbero dipendere dal fatto di avere o no un partner.

ENTRARE IN UNA NUOVA RELAZIONE

Se decidiamo di cercare un partner, a questa età avremo molta esperienza di vita da usare nella relazione. Potremmo aver avuto una o più relazioni precedenti che sono finite e ci possono essere state molte ragioni per questo. Indipendentemente dalle condizioni o dalle circostanze che hanno portato alla fine di queste relazioni (a parte la morte), la causa principale è quasi sempre una mancanza di amore incondizionato e di compassione. L'amore e la compassione genuini non diminuiscono con il tempo ma, molto probabilmente, diventano più profondi nel corso degli anni. Altre forme d'amore, d'altra parte, sono basate più sull'attrazione e su emozioni fugaci - queste inevitabilmente diminuiscono con il tempo perché mancano di saggezza e compassione.

Dovremmo riflettere sulle nostre relazioni precedenti e chiederci su quali fondamenta sono state costruite. Erano basate sull'affetto, sulla comprensione, sulla compassione e sul rispetto oppure su bisogni egocentrici e attrazione cieca? Possiamo utilizzare questa saggezza per gettare delle solide basi per una nuova relazione. Essenzialmente dobbiamo verificare se abbiamo la capacità di essere generosi, pazienti, premurosi e compassionevoli, o almeno riconoscere l'importanza di queste qualità. Tali qualità interiori ci preparano per il meglio a costruire una nuova relazione felice. Altrimenti potremmo ricadere nelle vecchie abitudini e ripetere gli errori del passato.

MANTENERE UNA RELAZIONE

Anche se questo non è un libro religioso, vorrei citare un testo buddista specifico, chiamato Sigalovada Sutta, che offre indicazioni semplici e pratiche su come un marito e una moglie dovrebbero trattarsi a vicenda. Fondamentalmente consiglia al marito di essere cortese, fedele e rispettoso nei confronti della moglie e di provvedere ai suoi bisogni, mentre la moglie dovrebbe essere fedele al marito e salvaguardare le sue proprietà.

Naturalmente questo testo risale ai tempi antichi e presuppone che il marito sia il principale fornitore di reddito. Al giorno d'oggi la situazione è un po' più complicata, poiché spesso sia il marito che la moglie hanno un lavoro. Sebbene il ruolo di chi debba assumersi la maggior parte dei compiti domestici e di chi debba essere la principale fonte di reddito sia diventato oggetto di discussione, i punti essenziali, ossia che i coniugi dovrebbero rispettarsi l'un nell'altro, essere fedeli e prendersi cura dei bisogni dell'altro, rimangono rilevanti anche oggigiorno.

Credo anche che sia importante analizzare le differenze di genere tra uomini e donne. Nella psicologia occidentale è risaputo che gli uomini e le donne vedono il mondo in modi leggermente diversi. Per esempio, gli uomini sono generalmente più orientati da un senso di direzione e di scopo, mentre le donne sono mosse dal desiderio di condividere amore ed energia con gli altri. Di fronte a un problema, gli uomini potrebbero essere più inclini a ritirarsi o a cercare un "time-out" finché non trovano una soluzione, mentre le donne in genere preferiscono parlare dei problemi anche quando ciò non serve a risolverli. Le mie esperienze personali mi hanno anche insegnato che la maggior parte delle donne sono migliori nel multi-tasking. Prendere coscienza di questo tipo di differenze può aiutare ogni partner a riconoscere i punti di forza e i limiti dell'altro e a dividere i compiti domestici di conseguenza.

Anche se comprendiamo molto bene le generali differenze tra uomini e donne, dobbiamo capire altresì la personalità e la natura specifiche del nostro partner, e questo richiede una comunicazione buona e aperta. È fin troppo facile fraintendere il comportamento del nostro coniuge. Per evitare di cadere in questa trappola è importante essere in grado di discutere apertamente e con un'intenzione pura, per capire il vero motivo di una particolare azione. Qualsiasi conflitto sarà più facile da risolvere se abbiamo una forte base di buona volontà verso il nostro partner e, soprattutto, se entrambi vedete il conflitto come un'opportunità per imparare e crescere insieme.

Questo ci porta di nuovo all'importanza dell'amore puro o incondizionato in qualsiasi matrimonio e relazione. Avere un amore puro per qualcuno significa desiderare la sua felicità al di sopra della propria. Molti dicono di amare una persona con tutto il loro cuore e poi sono distrutti quando il loro partner decide di terminare la relazione. Possono iniziare a dire di odiare il loro ex partner, poiché sono divorati dalla gelosia o dal risentimento. Questo è un esempio di amore possessivo piuttosto che di amore puro. Se il nostro amore è puro, invece, dovremmo persino essere felici per loro quando ci lasciano per qualcun altro, se questo li rende più felici. Ogni volta che parlo di questo in un discorso pubblico molte persone restano scioccate e sono riluttanti ad essere d'accordo con me. Eppure l'amore puro per un altro essere umano significa che vogliamo sinceramente il meglio per loro, indipendentemente dall'effetto che questo ha su di noi. Forse potremmo pensare che questo tipo di atteggiamento sia autolesionista e che non ci porterà benefici, tuttavia, amare qualcuno con una motivazione veramente pura renderà sicuramente la nostra relazione più forte e, coltivando questa qualità, la nostra mente si aprirà alla vera felicità.

RENDERE I VOSTRI FIGLI MIGLIORI DI VOI STESSI

Tutti (con rare eccezioni) amano i propri figli, eppure spesso i genitori non hanno la conoscenza necessaria per educarli in modo efficace. Purtroppo ci sono alcuni genitori che trascurano i bisogni fisici ed emotivi primari dei loro figli. Dall'altro estremo, alcuni genitori assecondano ogni desiderio dei loro figli. Spesso le persone mi hanno detto che amano i loro figli al punto tale da non poter dire di no, dando loro tutto ciò che vogliono!

Anche se questi genitori cercano di essere affettuosi, in realtà stanno danneggiando i loro figli. I bambini a cui viene dato tutto spesso cresceranno aspettandosi che la vita sarà facile e che potranno avere immediatamente tutto ciò che desiderano. Quando si troveranno di fronte alla realtà della vita, specialmente nelle circostanze in cui incontreranno delusioni e fallimenti, avranno difficoltà a far fronte alle difficoltà perché non hanno imparato a perseverare o ad essere pazienti. I genitori non dovrebbero essere sorpresi di ciò; dopo tutto, non si può coltivare una pianta in una serra, metterla fuori durante una tempesta invernale e poi sorprendersi se non sopravvive. È fondamentale quindi stabilire dei limiti fermi e insegnare ai bambini come sopravvivere alle difficoltà, con amore e compassione genuini.

Stabilire dei limiti coerenti, come dire di no alla TV o ai pigiama party e farli partecipi nei lavori di casa, non solo insegna ai nostri figli che la vita non è sempre facile, ma fornisce anche una struttura e un ritmo alla loro vita che li aiuta a sentirsi sicuri. Quando i nostri figli non sperimentano costantemente il cambiamento e l'incertezza sono in grado di sviluppare una buona condotta etica. Non perché sono costretti, ma perché imparano a vedere il beneficio di mantenere una routine buona e disciplinata. Questo diventa anche una base per la creatività, la fiducia e la gentilezza in presenza degli altri.

L'esperienza di avere una disciplina ferrea e dei limiti fissi è fondamentale se vogliamo mantenere i nostri figli in un "giusto equilibrio": non si deve permettere loro di farla franca con tutto ciò che vogliono, ma non si deve nemmeno metterli sotto pressione affinché vivano secondo aspettative troppo elevate. Inoltre, quando prepariamo i nostri figli per il futuro, non dovremmo parlare solo dei soldi che abbiamo messo da parte per loro o della casa che compreremo loro. Certamente questo aiuto materiale è utile, ma è molto più importante investire sullo sviluppo mentale ed emotivo dei nostri figli.

Dovremmo quindi ricordare le condizioni fondamentali per la felicità e insegnarle ai nostri figli, specialmente l'autostima, la compassione, l'autocontrollo e la forza di carattere. Insegnando loro la saggezza e la compassione attraverso la narrazione di storie, la conversazione e l'esempio delle nostre stesse azioni, li prepareremo nel miglior modo possibile alla felicità e al successo futuri.

È importante insegnare queste qualità in tutte le fasi dell'infanzia, ricordando che dimostrarle nella pratica dei nostri comportamenti è sempre il modo migliore di farlo. Nei primi quattro anni di vita i bambini sono estremamente sensibili all'ambiente emotivo in cui crescono, quindi la cosa più importante è offrire ai nostri figli un amore totalmente incondizionato. Dovremmo cercare di far sentire loro che sono veramente speciali, riempiendoli di un profondo senso di valore interiore. Durante gli anni della scuola primaria dovremmo far emergere e supportare la creatività dei nostri figli, la diligenza e la disponibilità verso gli altri, incoraggiando tutte queste qualità a fiorire. Poi, durante l'adolescenza, potremo aiutarli a sentirsi un membro utile e attivo della razza umana, facendo sì che sviluppino la consapevolezza che la loro vita ha un significato qualunque cosa accada. Crescere un adolescente non è mai facile perché siamo combattuti tra il voler fare il massimo per loro e confidare che troveranno la loro strada da soli. Imparare ad amarli incondizionatamente, indipendentemente dalle scelte che fanno, può essere certamente una grande sfida.

Infine, una delle lezioni più essenziali da insegnare ai nostri figli sono le conseguenze dannose dell'uso di droga, tabacco e alcol. Alcuni genitori pensano che, siccome possono aver fumato o sperimentato droghe in gioventù, non hanno il diritto di insegnare ai loro figli a non fare lo stesso. Questo non è vero: con la vostra esperienza potrete insegnarlo ai vostri figli in modo più efficace e cercare di renderli migliori di voi stessi. Ricordate comunque che, se avete difficoltà a gestire il comportamento di vostro figlio, non siete mai soli e potete cercare il supporto degli altri.

I GENITORI E L'OPPORTUNITÀ DI MOSTRARE GRATITUDINE

In questa fase della nostra vita è molto probabile che la salute dei nostri genitori sia in declino o che non siano più in vita. Se sono in cattive condizioni di salute è probabile che facciano molte richieste che richiedono il nostro tempo e le nostre risorse. Potremmo essere chiamati ad accompagnarli alle visite mediche, ad aiutarli nei lavori che non possono più svolgere oppure potrebbero persino desiderare di trasferirsi da noi affinché possiamo occuparci meglio di loro.

In Tibet ci si aspetta che i figli si prendano cura dei loro genitori facendoli vivere nella propria casa quando i genitori sono anziani. Anche se la cultura occidentale è diversa, è tuttavia importante trattare i nostri genitori nel miglior modo possibile. Con rare eccezioni, sono stati immensamente gentili con noi ed è naturale voler ripagare questa gentilezza. Ricordate anche che i nostri figli impareranno dal nostro esempio come devono essere trattati i genitori - se noi diamo il buon esempio occupandoci dei nostri genitori in modo gentile e compassionevole, è più probabile che i nostri figli facciano lo stesso con noi.

Il fatto che i genitori invecchiano e hanno bisogno del nostro aiuto può causare una notevole angoscia per coloro che non hanno avuto un buon rapporto con loro. Forse sentiamo che i nostri genitori non si sono mai presi cura di noi, o forse erano alcolizzati o drogati. Forse non ci hanno dato abbastanza attenzione oppure non sono riusciti a darci una buona educazione o un sostegno finanziario. Che abbiano commesso o meno degli errori nella nostra educazione, è comunque naturale che i genitori desiderino che i loro figli abbiano una vita felice. Possiamo certamente capirlo quando riflettiamo sui sentimenti che nutriamo verso i nostri figli.

In Occidente ho incontrato molte persone infelici della loro vita che ritengono i genitori responsabili di ciò. Attribuiscono la loro incapacità di avere una vita di successo all'incapacità dei genitori di essersi presi cura di loro. Questo punto di vista può essere sostenuto da alcune branche della psicologia che ci dicono che i tratti negativi della personalità delle persone sono fortemente influenzati dall'educazione e sono molto difficili da cambiare. Da un punto di vista buddista questo non è del tutto vero. Non tutti i risultati della vita sono il risultato delle nostre esperienze infantili. Invece siamo noi a portare i semi del nostro destino dentro di noi. Anche se è possibile che ci sentiamo "bloccati" in certe abitudini che possiamo far risalire a certi eventi dell'infanzia, possiamo comunque imparare ad accettare la nostra situazione e perdonare coloro che potremmo incolpare.

Supponiamo per un momento che i nostri genitori siano responsabili dei fallimenti della nostra vita. Anche se fosse così, non c'è alcun vantaggio nel provare rabbia, odio o delusione nei loro confronti poiché queste emozioni negative ci farebbero solo del male. Una volta che siamo consapevoli che trattenere la rabbia non porta a nulla possiamo imparare ad accettare con compassione il viaggio che abbiamo fatto e andare avanti nella direzione dei nostri obiettivi e desideri. Invece di covare la rabbia, ricordate che la gratitudine è una delle condizioni essenziali per la felicità. Proveremo naturalmente gratitudine una volta superata la rabbia, perché la verità è che i genitori, nonostante le loro imperfezioni, amano e si prendono cura dei loro figli. Provando gratitudine verso i nostri genitori per averci allevato coltiviamo la felicità e la libertà interiore dentro noi stessi.

LAVORI INSODDISFACENTI E LE TRAPPOLE DEL MATERIALISMO

Molte persone con cui ho parlato sembrano infelici a causa del loro lavoro. Mi dicono che sono costantemente di fretta e sotto stress, che non amano le persone con cui lavorano o che vorrebbero smettere di lavorare. Anche se non ci sono risposte facili, credo che possa essere utile riflettere attentamente sulla motivazione che ci spinge ad impegnarci nel nostro particolare campo di lavoro. Siamo motivati dal desiderio di aiutare le persone, di fare qualcosa che ci piace veramente oppure di fare qualcosa che troviamo significativo? O stiamo semplicemente cercando di avere successo e guadagnare molti soldi o raggiungere uno status elevato? Il lavoro è semplicemente un'attività di routine piuttosto che una passione, solo un mezzo per pagare le bollette, nutrire la nostra famiglia o consentirci di avere le risorse economiche per altri interessi?

Se vediamo il nostro lavoro come una "vocazione" o un modo di condividere i nostri talenti con il mondo, è probabile che traiamo grande soddisfazione dalla nostra professione. Se, d'altra parte, siamo spinti dal desiderio di comprare una casa più grande o di ottenere quella preziosa promozione, il nostro lavoro può diventare un'ossessione, in quanto siamo mossi soltanto dal desiderio di andare "sempre più in alto". Anche se ci piace quello che facciamo, gli altri aspetti della nostra vita probabilmente ne soffriranno. Il risultato di ciò è spesso lo stress o addirittura l'esaurimento, poiché ciò che sale deve, prima o poi, scendere. In alternativa, quando il nostro lavoro è poco più di un lavoro di routine o un obbligo, è improbabile che ne traiamo una vera soddisfazione. In questo caso potrebbe essere necessaria una profonda introspezione per trovare qualcos'altro che sia in armonia con il nostro scopo più profondo.

Dovremmo anche essere consapevoli che la soddisfazione nel lavoro dipende molto poco dal tipo di lavoro che facciamo. Per esempio, lavorare come addetti alle pulizie potrebbe avere un enorme significato per noi, specialmente quando pensiamo che tutti apprezzano la pulizia e che noi stiamo, quindi, dando un contributo alla vita degli altri. Al contrario, potremmo lavorare come medico e sentirci frustrati o annoiati perché i nostri pazienti non smettono mai di lamentarsi e noi non guadagniamo abbastanza.

Se il nostro lavoro davvero non ci piace, dovremmo riconsiderare seriamente la ragione per cui stiamo continuando a fare quella professione. Se è solo per guadagnare più denaro in modo da poterci permettere di mantenere uno stile di vita agiato, allora ha senso semplificare la nostra vita e ridurre il nostro desiderio di ricchezza materiale, optando per un lavoro che richieda meno tempo. Abbiamo tutti la tendenza a pensare che acquisire più beni ci renderà più felici, ma raramente riusciamo a vedere che tutto ciò è come cercare di spegnere la sete con acqua salata. Proprio come abbiamo ancora più sete dopo aver bevuto acqua salata, diventiamo sempre più insoddisfatti se ci limitiamo a guardare soltanto all'esterno di noi stessi per cercare la felicità. Un mio amico che lavora come ingegnere una volta mi disse che non era felice perché tutti i suoi amici guadagnavano più di lui. Gli ho risposto che, non importava quanto venisse pagato, qualcun altro avrebbe guadagnato sempre di più. Non è facile essere contenti del nostro destino nella vita; posso solo augurarmi che più persone possano assaporare la libertà interiore e la pace della mente che derivano da un tale atteggiamento.

La mancanza di una motivazione buona o sincera è certamente una ragione per essere infelici del proprio lavoro, anche se un'altro motivo è che potremmo non possedere abbastanza ambizione o concentrazione. Per esempio, spesso le persone asiatiche sono capaci di lavorare più di quattordici ore al giorno con l'obiettivo di pagare rapidamente un mutuo per una casa nuova. La loro motivazione può non essere necessariamente buona e la loro vita può non essere "equilibrata", eppure sono generalmente felici, perché hanno allenato la loro mente ad avere un alto livello di concentrazione e impegno. Si accontentano di lavorare a testa bassa piuttosto che preoccuparsi delle vacanze, delle condizioni di lavoro o di altre aspettative. Sono semplicemente troppo impegnati per essere tristi o depressi.

Questo tipo di etica del lavoro può sembrare squilibrato da un punto di vista occidentale. In una certa misura questo è vero, ma dobbiamo ricordare che l'ambizione, la determinazione e la concentrazione sono cause indirette di un certo livello di felicità e, quindi, hanno un certo valore. Tuttavia abbiamo bisogno di una visione più equilibrata per raggiungere livelli più alti di felicità.

LIBERTÀ, SOFFERENZA E IMPERMANENZA

Nel buddismo si parla molto di libertà dalla sofferenza. Tuttavia questa idea viene spesso fraintesa, specialmente nel mondo moderno. Ci sono diversi tipi di libertà. Il primo tipo di libertà è quella esterna, come la libertà di parola e la libertà di vivere senza la paura della persecuzione. Questo tipo di libertà manca in molti luoghi del mondo. Quasi tutti i paesi occidentali sono molto fortunati ad avere questo tipo di libertà, anche se è raro che lo apprezziamo veramente.

Il secondo tipo di libertà è la libertà individuale, che è tenuta in grande considerazione da molte persone al giorno d'oggi in Occidente. Con questo tipo di libertà pensiamo "Ho il diritto di fare questo o il diritto di possedere quella cosa". Perciò siamo orgogliosi dell'idea di una completa libertà di comportamento individuale, o di autonomia.

Anche se è importante fare le proprie scelte su come vivere e agire, questa in realtà non è la vera libertà. Spesso tale atteggiamento ci fa concentrare soprattutto sul nostro benessere e, di conseguenza, creiamo una distanza tra noi e gli altri, per esempio verso i nostri amici o vicini. Potremmo anche evitare del tutto gli altri o non interessarci agli altri perché siamo preoccupati di "rispettare la loro libertà". Per esempio, se un giovane sceglie di iniziare a fumare o di comportarsi in una maniera che gli sta chiaramente causando danni, potremmo pensare "Va bene così, è libero di agire in questo modo se lo desidera". Questa non è vera libertà, ma piuttosto un atteggiamento poco saggio che alla fine porterà alla solitudine. Questo è un problema comune nel mondo moderno ed è qualcosa su cui tutti dovremmo riflettere seriamente.

Ciò di cui forse non ci rendiamo conto è che la falsa libertà può essere molto difficile da riconoscere in Occidente, poiché deriva da secoli di assuefazione culturale. Nei paesi asiatici, per esempio, le persone possono litigare tra loro ma, di solito, sono in grado di risolvere i conflitti e persino di migliorare la loro relazione in seguito al contrasto. D'altra parte, evitando lo scontro con la scusa di rispettare i diritti altrui, è facile diventare distanti e meno attenti al benessere degli altri.

La vera libertà è vitale per la felicità. Ciò non significa poter fare tutto quello che vogliamo ogni volta che ci piace, ma piuttosto essere in grado di controllare le nostre emozioni e i nostri desideri in modo da poter decidere come reagire in qualsiasi situazione e scegliere come vivere la nostra vita senza essere guidati da conflitti emotivi. Da una prospettiva buddista questo significa che diventiamo liberi dal karma, o liberi dalla forza delle nostre abitudini e azioni passate. Se siamo liberi dal karma, non importa quale situazione incontreremo, non saremo controllati dalle nostre emozioni e abitudini. Allora saremo veramente liberi.

Anche se non siamo buddisti, essere in grado di controllare i nostri pensieri ed emozioni ci dà una grande libertà. Come ho detto prima, non sono gli eventi esterni a stabilire quanto felici siamo, ma piuttosto come reagiamo ad essi. Perciò, dato che i nostri pensieri ed emozioni giocano un ruolo così grande nel determinare il nostro livello di felicità, avere anche un piccolo controllo su di essi è estremamente prezioso.

Man mano che invecchiamo accumuliamo più esperienze di vita, sia buone che cattive. Quando abbiamo raggiunto questa fase è probabile che avremo assistito alla sofferenza in qualche forma, forse attraverso la morte di una persona cara o la fine di una relazione. Sapremo quindi che, nonostante la migliore assistenza sanitaria, la migliore polizza assicurativa e tutti gli sforzi del mondo, non potremo mai sfuggire alla morte, alla malattia, all'invecchiamento, o alle molte altre cose della vita che inevitabilmente portano sofferenza. La natura della vita è l'impermanenza, cambia costantemente nel bene o nel male.

Se ci aggrappiamo saldamente ai nostri sentimenti e alle persone che ci circondano, allora creeremo un mondo di sofferenza per noi e per le persone che ci sono vicine. Questo è ciò che il Buddha ha capito tanti anni fa. Alcune persone diventano molto depresse quando se ne rendono conto e pensano "Beh, che senso ha? Visto che la vita è sofferenza, tanto vale che mi arrenda subito".

Tuttavia il Buddha ci ha mostrato che c'è un modo per liberarsi dal ciclo della sofferenza, quello di lasciare andare il nostro attaccamento. Ciò vale sia per le circostanze e le emozioni negative come la rabbia o l'odio, sia per le circostanze e le emozioni piacevoli, come l'amore romantico. Dobbiamo renderci conto che tutte queste cose vanno e vengono e, anche se possiamo ancora continuare a godere delle emozioni piacevoli, se ci aggrappiamo troppo saldamente ad esse, soffriremo quando le circostanze cambieranno. Dovremmo, invece, mirare a raggiungere la libertà che deriva da una mente pacifica, felice e compassionevole, non tirata di qua e di là dai capricci delle emozioni e dei desideri.

ESERCIZIO: IMPARARE DALL'ESPERIENZA DI VITA

Ormai abbiamo accumulato molte esperienze di vita e possiamo imparare tante lezioni preziose se riflettiamo profondamente su ciò che la nostra vita ci ha insegnato. Questo può anche farci rivalutare alcune delle nostre priorità.

Per prima cosa pensate a una persona con cui avete avuto una relazione in passato. Non deve necessariamente essere un partner, può essere un amico, un genitore oppure un collega. Qual era la vostra motivazione per essere in quella relazione? È andata come vi aspettavate? In che misura siete riusciti a superare le difficoltà? Quanto aperta era la vostra comunicazione? Se c'è stato un momento di grande difficoltà nella relazione potete scrivere ciò che ricordate di quel periodo - ciò può aiutarvi ad accettare il passato e ad andare avanti.

Poi pensate a un lavoro che avete svolto in passato e ponetevi domande simili. Qual era la vostra motivazione per fare questo tipo di lavoro? Cos'altro avete imparato dalle vostre esperienze?

Ora considerate la vostra situazione attuale. Chiedetevi "Come posso applicare le lezioni che ho imparato? Come posso vivere la mia vita nel modo più saggio possibile?"

Sedetevi in posizione eretta con la spina dorsale dritta e le mani in grembo, tendendo il vostro corpo e poi rilassandolo completamente. Chiedetevi onestamente se c'è qualcosa che vorreste cambiare nella vostra vita e poi pensate a come potreste attuare questo cambiamento.

L'età della saggezza

In questo periodo, nella quinta fase della vita, ci sono grandi differenze nelle situazioni che le persone si trovano ad affrontare, ma se questo periodo della vita è gioioso o meno dipende soprattutto da come vediamo la vita e da quanto ampia o limitata è la nostra prospettiva. Si tratta di un periodo in cui terminiamo di assolvere molti degli obblighi della vita e in cui dobbiamo anche fare i conti con le conseguenze delle difficoltà che abbiamo affrontato nel corso degli anni. Per alcuni le condizioni esterne permettono un nuovo inizio. Sono finalmente in grado di andare in pensione, viaggiare in giro per il mondo o trascorrere più tempo con i propri cari. Per altri questa fase della vita può essere segnata da una perdita: la perdita di un coniuge, la perdita di un ruolo nella società dopo il ritiro dal lavoro o la perdita della salute. Comunque, indipendentemente dalla nostra situazione, a questa età stiamo entrando in una fase della vita in cui l'autoriflessione e la ricerca di un significato più profondo della vita sono importanti. Così possiamo imparare a vedere che qualsiasi tipo di perdita può essere in realtà un'opportunità di crescita spirituale e di analisi.

La natura umana dà grande valore al successo, alla competizione e all'acquisizione di cose materiali e, sicuramente, abbiamo lottato per molte cose nel corso della nostra vita. Probabilmente abbiamo lavorato duramente per guadagnare denaro, per acquisire una casa e altri beni, per crescere i nostri figli, per avere una carriera di successo e per essere apprezzati dagli altri. Anche a questa età molte persone continuano a perseguire queste cose. Ora pensate attentamente alla vita che vi siete costruiti. Le cose per cui avete lavorato così duramente vi sembrano ancora significative? Trovate la vostra vita significativa? Avete sviluppato una sicurezza interiore? Pensate a tutto ciò nel contesto dell'invecchiamento. Sebbene possiamo aver lavorato duramente e raggiunto molte cose, il nostro corpo sta lentamente e inevitabilmente declinando. A quest'età ci renderemo conto che non possiamo più negare l'inesorabilità della morte - non importa cosa facciamo, non è possibile sfuggirle. Ha ancora senso, allora, continuare a vivere la nostra vita nello stesso modo? O forse è il momento di fare dei cambiamenti e stabilire delle nuove priorità?

Credo che la maggior parte delle persone si renderà conto che molte delle cose con cui hanno riempito la loro vita non hanno più lo stesso significato ora che stanno invecchiando. Tuttavia questo non deve essere necessariamente un pensiero deprimente e certamente non dovremmo passare ore interminabili a rimpiangere il modo in cui abbiamo speso il nostro tempo e la nostra energia. Piuttosto possiamo usare questa realizzazione come un'opportunità per tagliare il nostro attaccamento a molte delle cose che non riteniamo più essere importanti e sviluppare una ricca soddisfazione interiore. Questo ci può aprire un mondo completamente nuovo e può anche darci l'opportunità di prestare maggiore attenzione alla nostra mente.

Non è mai troppo tardi per sviluppare la nostra mente e non è necessario diventare un monaco o una suora, oppure passare ore in meditazione ogni giorno per raggiungere tale obiettivo. In questa fase della nostra vita, come in ogni altra fase, ciò che è più importante è riflettere sui nostri atteggiamenti e sulle nostre azioni nella vita quotidiana. Scopriremo che ci sono molte cose semplici che possiamo attuare per sviluppare le nostre qualità interiori e promuovere la felicità, non importa quanto buona o cattiva possa essere la qualità della nostra vita.

PERDITA E IMPERMANENZA

Come detto prima, molte persone vedono questa età come l'inizio di un declino e un'eventuale perdita delle cose che considerano importanti. È facile illudersi di poter controllare il mondo che ci circonda, credendo di poter contare su buone cure mediche e polizze assicurative se le cose vanno male, ma questo semplicemente non è vero. Anche se ci avviciniamo alla morte a partire dal momento in cui nasciamo, spesso questo ci diventa chiaro solo quando affrontiamo la nostra caducità e, a volte, ciò può essere uno shock. Ci rendiamo conto che non ci è dato conoscere in anticipo quando moriremo. Sia che siamo degli adolescenti oppure dei novantenni, non possiamo mai essere sicuri che vivremo per un altro anno.

La sofferenza mentale può derivare da qualsiasi tipo di perdita, come la perdita di una persona cara, la perdita del lavoro, la perdita dello status o la perdita della salute. Tutte queste perdite possono causare una grande sofferenza se non le consideriamo in modo realistico, quindi abbiamo una scelta. Possiamo soffrire incontrollatamente quando le nostre condizioni cambiano e i nostri cari muoiono, oppure possiamo imparare ad accettare che tutto è impermanente, che la vecchiaia, la malattia e la morte sono solo una parte naturale della vita, non una cospirazione contro di noi. Allora potremo renderci conto che aggrapparci con forza a qualsiasi cosa ci porterà solo sofferenza. Attraverso il riconoscimento dell'impermanenza possiamo sviluppare una visione completamente nuova della vita e prepararci alla perdita. Questo ci permetterà di mantenere uno stato d'animo felice e sereno, indipendentemente dalle nostre condizioni esterne.

LA MORTE DI UN CONIUGE

Per molte persone la morte di un marito o di una moglie è l'evento più devastante che della loro vita. Anche se non sono mai stato sposato, penso di avere una certa comprensione di una perdita di questa portata. Nella mia gioventù ho perso sia mio padre che mio fratello e, nella cultura tibetana, i legami tra padre e figlio o tra due fratelli sono quasi altrettanto forti che il legame tra marito e moglie. Vorrei quindi parlare brevemente di come possiamo affrontare una perdita di tale portata.

Quando muore una persona cara dobbiamo cercare di vedere al di là del nostro punto di vista limitato. Sebbene la morte di qualcuno che ci è vicino e la sofferenza che provoca sia un evento colossale, la morte di ogni essere è una parte inevitabile nello schema più grande della nostra vita. Anche se oggi è morta nostra moglie, domani potrebbe accadere alla moglie del nostro amico oppure al figlio del nostro vicino. Per quanto possiamo essere sopraffatti da uno stato di incredulità e di shock quando muore un nostro caro, se riflettiamo profondamente, capiremo che tutti, ad un certo punto, saranno colpiti dalla morte di una persona a loro vicina.

Normalmente soffriamo molto perché paragoniamo le nostre circostanze a quelle di altre persone, che pensiamo siano molto più fortunate di noi. L'unica differenza, però, è il momento in cui la sfortuna ci colpisce, nient'altro. Se riflettiamo attentamente su questo, la nostra tristezza diminuirà, poiché potremo superare il nostro istinto naturale di confrontare la nostra situazione con quella degli altri. Un approccio ancora più potente è generare compassione. Quando ci renderemo veramente conto che tutti noi sopportiamo le stesse lotte, come tutti noi sperimentiamo il dolore e la perdita in qualche momento della nostra vita, allora il nostro dolore diminuirà, poiché impareremo a vederlo da questa prospettiva molto più ampia.

Naturalmente la morte di qualcuno vicino a noi ci colpirà molto di più della morte di un estraneo ed è naturale nutrire sentimenti forti per la nostra famiglia. Ma alla fine dobbiamo ricordare che la morte colpirà ogni essere vivente e, se faremo veramente tesoro di ciò, non verremo colti di sorpresa. Una storia della vita del Buddha illustra questo punto.

C'era una volta una giovane donna il cui figlio primogenito si ammalò e morì quando aveva circa un anno. Affranta dal dolore, implorava chiunque incontrasse di darle una medicina che riportasse in vita il bambino, ma le fu detto che l'unica persona che poteva compiere questo miracolo era il Buddha. Quando finalmente incontrò il Buddha e gli raccontò la sua storia, lui le disse di portargli un seme di senape da qualsiasi casa del suo villaggio in cui non ci fosse mai stata una morte. Non passò molto tempo, tuttavia, prima che lei si rendesse conto che il compito che il Buddha le aveva assegnato non poteva essere portato a termine. Ogni casa aveva fatto esperienza della morte; non solo una volta, ma alcune di esse innumerevoli volte. Così, alla fine, la giovane donna disse addio al suo bambino per l'ultima volta e tornò dal Buddha senza il seme di senape. Aveva imparato la lezione. Non era solo lei a soffrire per via della morte, al contrario, la morte capita a tutti - è una parte naturale della vita.

Anche l'idea buddista della reincarnazione può essere utile quando si affronta la perdita e il dolore, perché ci rassicura che non esiste una morte completa. Con questo non voglio dire che i nostri cari siano sempre con noi e veglino su di noi, che è l'impressione che possiamo avere da alcuni chiaroveggenti in televisione! Questo concetto è limitato, poiché può dare l'idea che siamo sempre connessi solo alla stessa famiglia o agli stessi antenati, piuttosto che riconoscere il vasto e mutevole ciclo della vita in cui siamo inseriti.

Dicendo che non c'è una morte completa mi riferisco all'idea che ogni essere passa attraverso una serie infinita di vite. Proprio come il continuum fisico che chiamiamo universo continua nel tempo, così accade anche per il flusso mentale di tutti gli esseri. Il nostro continuum mentale è simile ad un fiore che passa attraverso molte "incarnazioni" poiché, quando muore, i suoi semi danno vita a un nuovo fiore. Allo stesso modo, con la morte il corpo fisico grossolano e la mente grossolana cessano di esistere. Tuttavia la mente sottile di una persona, che contiene le impronte di tutte le sue azioni buone e cattive, perdura nel tempo. Parlerò ulteriormente di questo argomento nel prossimo capitolo.

Tutto ciò significa che il tempo che abbiamo trascorso con il nostro coniuge non è altro che un breve momento del nostro viaggio senza fine. Siamo stati degli estranei che si sono incontrati al pub o al ristorante; abbiamo passato del tempo insieme e abbiamo imparato l'uno dall'altro, ma poi dobbiamo separarci, come è naturale. La mente della persona amata ha bisogno di continuare la sua prossima vita, nello stesso modo in cui noi abbiamo bisogno di continuare il nostro percorso.

A volte incontro persone che hanno perso una persona cara molti anni prima e, da allora, non riescono a smettere di pensare a lei; riflettono continuamente su quanto l'hanno amata e quanto sentono la sua mancanza. Alcuni credono che, aggrappandosi così strettamente al ricordo di questa persona, stanno onorando il loro amato e dimostrando quanto lo hanno amato. Questo però non è vero, perché aggrappandosi così saldamente a questo ricordo fanno del male a se stessi; e tutto ciò non è di alcuna utilità.

Non sto dicendo che dovremmo dimenticare i nostri cari, ma che dovremmo ricordare e apprezzare il tempo meraviglioso che abbiamo passato insieme piuttosto che aggrapparci ai nostri ricordi così tanto da farci del male. Se un bel fiore muore quando arriva l'inverno, accettiamo questo evento come un fatto naturale. Sarebbe piuttosto strano se qualcuno piangesse e soffrisse perché non riesce a farsene una ragione. Se riflettiamo profondamente, anche la morte di qualsiasi persona non è nient'altro che una parte naturale della vita. La vita di tutti giungerà ad un termine prima o poi e, un giorno, anche la nostra.

Quando ero in Nuova Zelanda incontrai una signora il cui marito era appena morto. Questa signora, che aveva ottantuno anni, era stata sposata con suo marito per molti anni e lo aveva amato molto. Eppure dopo la sua morte era ancora in grado di condurre un'esistenza felice. Poteva parlare con piacere e gratitudine del tempo che avevano trascorso insieme, ma si rendeva conto che lui aveva dovuto passare alla sua prossima vita, mentre lei doveva ancora continuare a vivere quella vita. È interessante notare che la signora mi raccontò che suo marito aveva attraversato un periodo piuttosto difficile poco prima di morire, ma nonostante ciò era stato in grado di trovare un profondo senso di pace e benessere. Forse l'atteggiamento di coraggio e di accettazione di sua moglie lo avevano aiutato in questo.

PERDITA DELLA SALUTE

Un'altra perdita che molte persone sperimentano in questo periodo della vita è la perdita della salute. È difficile per alcune persone vedere la loro salute deteriorarsi, specialmente se in passato hanno dato grande valore alla loro giovinezza e vitalità. Ma il declino della salute è una parte inevitabile dell'essere vivi. Dal momento in cui nasciamo i nostri corpi fisici iniziano a perdere salute e vitalità; e, dal punto di vista buddista, cominciamo gradualmente a prepararci per sostituire nuovamente il nostro corpo. Pensate a una vecchia macchina, un vecchio televisore o qualsiasi oggetto materiale; all'inizio quando si rompe cerchiamo di ripararlo. Quando si rompe così tanto da non essere più riparato, allora dobbiamo prenderne uno nuovo. Allo stesso modo, quando il nostro corpo si guasta in maniera tale da non poter più essere riparato, ciò di cui abbiamo bisogno è un corpo nuovo!

Il deterioramento della salute ci ricorda anche di praticare la gratitudine. Possiamo essere grati di vivere in un paese ricco con buone strutture sanitarie e persone che sono state addestrate a prendersi cura di noi. Ricordatevi che ci sono molte persone in questo mondo che muoiono per una malattia minore o in giovane età solo perché non c'è un medico o un ospedale che li aiuti. Mio padre, per esempio, è morto all'età di quarantanove anni per un'occlusione intestinale. Nel nostro villaggio c'era soltanto un medico, che sbagliò la diagnosi e diede a mio padre delle medicine, mentre ciò di cui aveva veramente bisogno era un intervento chirurgico. Ho saputo solamente molti anni dopo che, con una piccola operazione, la sua vita avrebbe potuto essere facilmente salvata. Per alcuni anni mi sono sentito indignato ed estremamente deluso, sapendo che mio padre avrebbe potuto continuare a vivere una vita ricca e significativa di pratica buddista.

Come ho affrontato questi sentimenti? Non avevo scelta, in realtà. Ho capito che non importava quanto fossi arrabbiato o sconvolto per la morte di mio padre, questo non lo avrebbe riportato in vita. Le mie emozioni negative non lo avrebbero aiutato e avrebbero solo finito per farmi del male. Come buddista credevo anche che fosse il mio karma di perdere mio padre in età così giovane, proprio come il karma di mio padre era di morire in quel momento - tutto ciò non è che un altro modo per dire che dovremmo accettare le cose che non possiamo cambiare. Ho anche pensato che fosse importante fare ciò che potevo per onorare la memoria di mio padre e, dato che lui aveva sempre desiderato che io diventassi un monaco, questo è ciò che ho fatto. Prima non ero mai stato interessato a diventare monaco, quindi è stata la sua morte a darmi l'ispirazione per cambiare la direzione della mia vita.

PERDITA DEL LAVORO

La fine della nostra vita lavorativa può avvenire per nostra scelta, come quando andiamo in pensione, oppure per volontà di altri, se veniamo licenziati o scopriamo che le nostre competenze non sono più richieste. La maggior parte delle persone pensa che la prima opzione sarebbe meravigliosa, mentre la seconda è considerata meno piacevole. Tuttavia in realtà le due situazioni si equivalgono e, in entrambi i casi, causano alle persone gli stessi problemi.

Molte persone sognano per anni di andare in pensione e poi, quando ciò finalmente si realizza, provano un profondo senso di perdita e di dolore. Improvvisamente si ritrovano annoiati e senza niente da fare. Penso che questo sia in gran parte dovuto al fatto che, nel mondo moderno, il nostro lavoro è strettamente legato alla nostra identità e alla nostra autostima e, per molte persone, è anche uno status symbol.

Ma chiedetevi "È davvero così importante?" Riflettete su questo per un po'. Forse essere il grande capo, accumulare molti soldi e avere molte persone sotto di noi ci fa sentire bene con noi stessi. Tuttavia ciò non significa che siamo delle brave persone; piuttosto, è probabile che tutto ciò sia radicato nell'attaccamento alla sensazione piacevole che ci dà il potere e il sentirci importanti! Alimentando queste emozioni ci incateniamo ad esse e questo ci porterà a soffrire quando le nostre condizioni cambieranno, come accadrà inevitabilmente. Se non ci aggrappassimo così tanto a queste emozioni è probabile che avremmo molti meno dispiaceri.

Spesso le persone scoprono di avere troppo tempo libero quando smettono di lavorare. Ciò di cui molti non si rendono conto, tuttavia, è che questo tempo libero può darci una preziosa opportunità per dedicarci alla crescita personale e scoprire la nostra natura interiore, facendo uno sforzo per coltivare tutte le buone qualità che abbiamo menzionato. Tante persone muoiono in giovane età, durante un periodo in cui sono occupate a destreggiarsi tra molte attività, come farsi una carriera o crescere i figli. Noi abbiamo la fortuna di avere ora il tempo e l'opportunità, senza tante distrazioni esterne, di concentrarci sulla nostra vita interiore. Avremo sempre molto da fare ogni giorno se ci concentriamo sulla nostra mente e sul nostro sviluppo interiore. All'inizio potremmo aver bisogno di dedicare molto tempo e impegno a questo compito, ma presto diventerà molto più divertente che guardare la televisione o giocare al bingo!

Quindi come possiamo sviluppare queste qualità interiori? Ci sono molti modi diversi per raggiungere questo obiettivo aiutando gli altri. Per esempio insegnando una lingua ai rifugiati, prestando aiuto in una mensa per i poveri o facendo volontariato per una linea di ascolto telefonico. Essere coinvolti in questo tipo di attività ci impedirà di sentirci annoiati e, aiutando gli altri, proveremo sempre più felicità nella nostra vita.

Una vita attiva e basata sull'altruismo può anche essere sostenuta da un impegno regolare ad "allenare la mente alla saggezza", poiché questo può rendere ancora più efficace la vostra capacità di aiutare gli altri. Potreste leggere libri di psicologia, religione o filosofia e applicare alla vostra vita le idee che apprenderete o discuterne con altre persone. Così, oltre alle gioie di una vita altruistica, scoprirete la gioia di avere una mente acuta e saggia. Infine, poiché gli scienziati ora credono che anche le persone anziane possano generare nuove cellule cerebrali attraverso l'allenamento mentale, un impegno regolare nello studio o nella contemplazione può essere un modo potente per rallentare il deterioramento della memoria legato all'età che purtroppo affligge tanti anziani.

Se siamo preoccupati di non essere abbastanza intelligenti per passare ore a leggere libri cercando di aumentare la nostra saggezza, è utile sapere che c'è una grande differenza tra essere saggi ed essere intelligenti. Una persona saggia potrebbe non avere necessariamente una buona istruzione o un lavoro importante; invece, potrebbe semplicemente avere un'innata comprensione pratica di ciò che è importante nella vita; ed è probabile che sia una persona naturalmente gentile. In Tibet ci sono molte storie di persone che conducevano una vita estremamente semplice e non avevano alcun tipo di educazione formale, ma erano conosciuti per la loro gentilezza e saggezza.

Come possiamo diventare come queste persone? La chiave è pensare e desiderare continuamente che tutti gli altri siano felici e liberi dalla sofferenza, nello stesso modo in cui una buona madre non vuole altro che il meglio per i suoi figli. Se riusciremo ad avere sempre un cuore affettuoso, pensando ad ogni individuo come al nostro amato bambino mentre camminiamo, parliamo, dormiamo, mangiamo o facciamo qualsiasi tipo di attività, allora col tempo dimenticheremo il nostro interesse personale e ci sentiremo naturalmente più felici e più saggi. Anche se siamo troppo stanchi o troppo malati per aiutare veramente gli altri, la cosa più importante è allenare la nostra mente a pensare in modo premuroso e gentile. Non ho dubbi che così diventeremo gradualmente persone più gentili, più sagge e più felici.

FINANZE

A questa età l'attenzione della maggior parte delle persone si è già naturalmente allontanata dalla spinta a fare soldi. Questa è una buona cosa per la nostra felicità! Voglio comunque parlare del denaro, perché il modo in cui usiamo i nostri soldi e i nostri beni a questa età è ancora importante e, purtroppo, ci sono ancora molte trappole in cui possiamo cadere. Una di queste trappole è essere avari. Alcune persone non vogliono spendere soldi per nessuno tranne che per loro stesse, mentre altri sono così avari da non spendere soldi nemmeno per se stessi. Che insensato non spendere mai nulla dopo una vita di duro lavoro!

Se abbiamo risparmiato una quantità ragionevole di denaro, come dovremmo spenderlo? A questo punto avremo probabilmente imparato per esperienza che è improbabile che il denaro possa comprare la felicità, anche se può certamente essere di grande aiuto se lo usiamo saggiamente. Diciamo che abbiamo 5.000 dollari da spendere. Potremmo scegliere di andare in vacanza su un'isola tropicale o potremmo donare questi soldi a una famiglia povera e forse salvare la vita di qualcuno che ha bisogno di un'operazione. Spesso spendiamo soldi per una vacanza costosa o una nuova auto perché vogliamo un cambiamento, sentendoci insoddisfatti o annoiati della nostra situazione attuale. Tutto ciò può sembrare molto attraente in quel momento, ma non porterà a una felicità duratura. Aiutare un altro essere vivente con la propria generosità, al contrario, ci darà un immediato senso di benessere e pianterà anche un seme nella nostra mente per la felicità futura.

Questo non significa, però, che dobbiamo dare via tutto il nostro denaro, non lasciando quasi nulla per noi stessi e indebitandoci per comprare regali per gli altri. Uno dei miei amici mi ha riferito che molte persone in Australia spendono grandi quantità di denaro in regali per la famiglia e gli amici a Natale, a volte molto più di quanto possano realmente permettersi. La loro motivazione può essere buona, ma questo tipo di gentilezza è spesso poco pratica e priva di saggezza, specialmente se stanno già facendo fatica ad arrivare a fine mese. Avere debito può limitare molto la nostra libertà, ma questa forma di sofferenza può essere solitamente evitata se siamo saggi nelle nostre spese.

Benché sia importante essere generosi e aiutare gli altri, è anche fondamentale essere onesti riguardo alla nostra situazione finanziaria e cercare di capire chiaramente quello che possiamo permetterci. Dovremmo chiederci come possiamo usare la nostra ricchezza nel modo più efficace, tenendo conto di tutte le circostanze. Questo è ciò che intendo per saggezza. Ricordate anche che essere generosi non significa solo fare regali materiali. Donare il nostro tempo, amore e attenzione, per esempio aiutando a cucinare o a pulire nel giorno di Natale, è altrettanto importante e altrettanto apprezzato da chi ci circonda.

SOLITUDINE E INTOLLERANZA

Molte persone sono preoccupate, e hanno persino paura, di ritrovarsi sole quando invecchieranno. Ci sono diverse cose pratiche che possiamo fare per evitare la solitudine. Se siamo in grado, possiamo offrire supporto alle persone della nostra comunità che hanno bisogno di aiuto. Possiamo iniziare a insegnare una lingua agli immigrati, fare volontariato in una scuola, o scoprire come possiamo usare le nostre capacità e competenze per aiutare organizzazioni di volontariato come la Croce Rossa oppure la nostra chiesa o tempio della zona.

Se non siamo in buona forma fisica ma la nostra mente è forte, allora lo studio e la pratica spirituale possono essere un modo molto gratificante per passare il tempo. Come testimonieranno gli eremiti che hanno intrapreso lunghi ritiri, possiamo sentirci incredibilmente vicini agli altri se meditiamo sulla compassione e possiamo anche sviluppare una buona concentrazione interiore. Anche se siamo soli, ciò non significa che dobbiamo sentirci soli.

Prendere parte nella comunità o in gruppi religiosi è un buon modo per incontrare nuove persone e diventare amici di molte di loro. Alcuni di queste, tuttavia, potrebbero farci innervosire. Parlo di ciò per sollevare la questione dell'intolleranza, che credo sia uno dei motivi principali per cui le persone sono spesso sole in Occidente. Nella cultura occidentale molte persone sembrano dare grande valore al loro "spazio personale" e alla loro "libertà personale", tanto da voler frequentare soltanto persone che hanno idee simili e personalità compatibili; tuttavia questo crea inevitabilmente delle barriere.

La prima cosa che vorrei evidenziare è che nessuna particolare abitudine o tipo di personalità è migliore di un'altra. Tutto ciò è solamente un nostro modo di pensare abituale; invece dobbiamo imparare a praticare la tolleranza verso tutti, sia che ci piacciano da subito, sia che li troviamo irritanti. È molto comune incontrare qualcuno e provare una forte avversione iniziale nei suoi confronti ma poi, con il tempo, arrivare ad accettarlo e apprezzarlo. Questo non significa che la persona abbia cambiato la sua natura intrinseca, piuttosto significa che la nostra mente ha trasformato la percezione di quella persona.

Un'altra maniera comune in cui l'intolleranza diventa un problema è quando creiamo barriere fisiche o emotive intorno a noi. Con questo voglio dire che possiamo inavvertitamente creare delle barriere se ci aggrappiamo con forza all'idea che un certo spazio o un certo periodo di tempo sia destinato solo a noi. Possiamo pensare, per esempio, che aprire la nostra porta o farci visita senza preavviso sia un'intrusione nel nostro spazio personale. Com'è diverso tutto ciò dalla vita in Tibet!

Quando vivevo nei monasteri in Tibet, non importava se stessi cercando di studiare, di vestirmi o anche di lavarmi, gli altri monaci entravano spesso in camera mia e frugavano tra le mie cose. Non mi sentivo infastidito o irritato, perché era una cosa normale nella nostra cultura. Tuttavia, avendo vissuto in Occidente per alcuni anni, se ora qualcuno mi fa visita senza preavviso o se apre la porta della mia stanza, mi sembra che questo non sia del tutto appropriato.

Purtroppo il nostro concetto di spazio personale spesso crea distanza tra le persone e, se siamo distanti, è più probabile che ci sentiamo soli. Se vivessimo in un ambiente completamente aperto, senza confini personali, potremmo facilmente irritarci a vicenda. D'altra parte, abbandonare il pensiero che "abbiamo bisogno" di uno spazio personale può portare alla vicinanza e alla tolleranza verso gli altri. Devo confessare che non sapevo davvero cosa fosse la solitudine fino a quando non sono venuto in Occidente. Pensavo che la solitudine fosse la stessa cosa della noia! Ora che sono consapevole di quanto grande sia questo problema, sento che è particolarmente importante aiutare le persone a vedere gli svantaggi di essere attaccati al loro spazio personale.

A tale proposito vorrei usare un esempio personale per illustrare un punto sulla tolleranza. In un monastero dove vivevo c'era un monaco con un carattere molto irascibile che si arrabbiava facilmente ogni volta che gli altri monaci lo interrompevano o lo prendevano in giro. Gli altri monaci cercavano di infastidirlo di continuo, perché era così facile farlo arrabbiare. Tutto ciò può sembrare crudele, ma col tempo il suo temperamento e il suo autocontrollo migliorarono molto, poiché si rese conto che la sua rabbia non gli faceva ottenere nulla e che era più felice quando praticava la tolleranza verso gli altri.

La tolleranza non si esercita solo verso le persone. Abbiamo pochissimo controllo su ciò che accade nella nostra vita, quindi inevitabilmente dovremo confrontarci con molti eventi esterni che preferiremmo non affrontare. Se siamo intolleranti avremo difficoltà a raggiungere la pace, poiché questi eventi ci porteranno alla rabbia e all'angoscia, consumando la nostra buona disposizione d'animo.

In alternativa, possiamo usare ogni situazione frustrante e ogni persona che troviamo fastidiosa come un'opportunità per praticare la tolleranza. Possiamo farlo ogni singolo giorno finché non diventerà un'abitudine. Prima familiarizzatevi con i vantaggi di agire in questo modo e con gli svantaggi di non farlo e poi, come un rituale, state attenti a praticare la tolleranza continuamente. Sarete ricompensati con relazioni più amorevoli e una mente serena come un cielo blu senza nuvole.

GRATITUDINE

La gratitudine è un'altra qualità mentale positiva che possiamo praticare ogni giorno. C'è un'ottima ragione per farlo, perché sentirsi grati verso gli altri ci fa sentire più felici. Questo non è soltanto un pensiero buddista: anche alcuni studi di psicologia hanno scoperto che la gratitudine è un fattore che contribuisce alla felicità umana.

A volte, quando ne parlo con le persone, qualcuno replica che è troppo infelice per provare gratitudine. Mi dicono che sono soli, che hanno pochi soldi o che non hanno un buon rapporto con i loro figli, per cui non hanno nulla di cui essere grati. Questo non è mai vero, perché c'è sempre qualcosa di cui essere grati, se siamo capaci di rendercene conto. Per esempio, quando sono venuto in Australia è stata la prima volta che ho avuto un telefono in casa. Che meravigliosa invenzione! Improvvisamente ero in grado di parlare da casa mia con persone che stavano dall'altra parte del mondo. Quanto grato ero alla persona che l'aveva inventato! Ora provo la stessa gratitudine per internet, per i voli in aereo e persino per il nastro adesivo quando devo attaccare qualcosa al muro. Per non parlare delle molte persone che mi aiutano a mettere il cibo sulla mia tavola ogni giorno e di coloro che mi offrono il dono della loro amicizia.

Alcune persone potrebbero non accettare questo ragionamento e pensare "Devo pagare per molte di queste cose, quindi perché dovrei sentirmi grato?" Tuttavia, qualcuno ha dovuto progettare e costruire l'aeroplano, il telefono e il nastro adesivo perché io potessi usarli. Anche se fossi l'uomo più ricco del mondo ma nessuno avesse inventato il telefono, non sarei in grado di parlare con le persone in un altro continente! Inoltre dovremmo ricordare che ci sono molte cose per cui essere grati che nessuna somma di denaro può comprare, come la gentilezza dei familiari e degli amici o la bellezza naturale del mondo che ci circonda.

Provando gratitudine per le cose della nostra vita quotidiana siamo in grado di coltivare la felicità dentro di noi. Questo ci rende mentalmente più forti e ci permette di affrontare meglio molti dei problemi della vita, tra cui l'invecchiamento, la perdita e, infine, la morte. È importante ricordare, tuttavia, che ci sono due lati della gratitudine. È meraviglioso provare gratitudine per tutto e tutti intorno a noi; tuttavia dobbiamo stare attenti a non diventare attaccati a queste cose. Se ciò accade, cercheremo di aggrapparci ad esse e inevitabilmente soffriremo quando ci verranno tolte. È difficile capire davvero come possiamo apprezzare le cose senza sviluppare attaccamento, ma questa è un'abilità cruciale da imparare se vogliamo vivere una vita felice e significativa.

Ricordate che ogni cosa ha dei lati positivi e dei lati negativi, compreso il telefono, l'aereo e il nastro adesivo. Le nostre bollette telefoniche potrebbero essere costose, il nostro volo potrebbe essere in ritardo e potremmo non riuscire a trovare l'estremità del nastro adesivo! Ma se non proviamo gratitudine per quello che abbiamo, stiamo allenando la nostra mente a soffermarsi sugli aspetti negativi e avremo la certezza di ritrovarci insoddisfatti. Non saremo mai veramente felici, perché è impossibile avere sempre tutto ciò che desideriamo. In sostanza, sebbene il mondo sia pieno di molta sofferenza, ci sono anche tante cose meravigliose. Coltivare la gratitudine non significa vedere il mondo attraverso occhiali rosa, bensì imparare ad apprezzare queste cose meravigliose per quello che sono.

ESERCIZIO - RIFLETTERE SULL'IMPERMANENZA

Pensate ad alcune delle perdite e dei cambiamenti a cui avete assistito in questo periodo della vostra vita e meditate su quanto segue:

- *Tutto ciò che è nato invecchierà e morirà.*
- *Tutto ciò che è stato raccolto sarà disperso.*
- *Tutto ciò che è stato accumulato si esaurirà.*
- *Tutto ciò che è stato costruito crollerà.*

Allo stesso modo, l'amicizia e l'odio, la fortuna e il dolore, i molti pensieri che attraversano la nostra mente, tutto è in continuo cambiamento.

Ricordate a voi stessi che l'impermanenza è semplicemente la verità su come è la vita, pertanto l'unica cosa che abbiamo veramente è il qui e ora, il presente. Come può questa comprensione aiutarvi ad affrontare la perdita di una persona cara? Come può cambiare la vostra prospettiva sui diversi tipi di perdita che ci troviamo ad affrontare - la perdita di persone care, la perdita di un lavoro, o la perdita di qualsiasi cosa a cui teniamo? Può anche essere utile ricordare che i cambiamenti non portano necessariamente cose negative - a volte possono essere di grande beneficio, anche se questo può non essere evidente all'inizio.

Riflettendo su tutte queste domande, sedetevi con la schiena dritta, sentite il vostro corpo rilassarsi e fate alcuni respiri profondi e dolci. Quali lezioni ha in serbo per voi la verità dell'impermanenza?

Prepararsi a lasciare questa vita

Il sesto stadio della vita è l'ultima e più vitale opportunità per l'autorealizzazione. In questo capitolo parlerò più direttamente della spiritualità, perché a questa età la pratica spirituale è più importante che mai per la maggior parte delle persone. Non importa cosa sia successo nel nostro passato. Non ha senso avere rimpianti su come abbiamo vissuto la nostra vita fino a questo punto; dobbiamo ricordare che abbiamo ancora l'opportunità e la capacità di lavorare sulla nostra mente e raggiungere la felicità. La cosa più importante in questa fase della vita è che ognuno, senza eccezioni, ha la possibilità di prepararsi a una morte serena e di usare questo periodo cruciale come un'opportunità di autorealizzazione.

Poiché la mia formazione è buddista, affronterò l'argomento prettamente da una prospettiva buddista. Nella cultura occidentale, tuttavia, ci sono altri due punti di vista importanti che, per molti versi, sono ugualmente validi: il punto di vista teistico, proveniente principalmente dalle tradizioni cristiana, ebraica e islamica, e il punto di vista laico, che fa riferimento alla scienza e di solito ha una visione atea o agnostica.

Dalla prospettiva teistica, possiamo prepararci alla morte coltivando le qualità dell'amore e della compassione in modo da "avvicinarci a Dio". Siamo anche incoraggiati a confessare dal profondo del cuore tutte le nostre azioni negative, sapendo che non è mai troppo tardi per chiedere perdono e trovare la vera pace se siamo sinceri. Possiamo accettare le difficoltà e la sofferenza come "volontà di Dio" e questo ci permette di trovare uno stato di pace interiore, calma e fiducia. C'è anche la consapevolezza che una persona buona andrà in paradiso come risultato delle sue buone azioni e della sua fede.

Da un punto di vista laico, ci sono molte persone che non hanno aspettative particolari sulla vita dopo la morte. Questo può essere un atteggiamento molto utile, perché può impedirci di aggrapparci a idee e concetti che potrebbero rivelarsi inutili, portandoci ad avere meno paura e più calma interiore. Comunque, indipendentemente dalle nostre convinzioni, avremo scoperto attraverso l'esperienza di vita che la gentilezza, la compassione e un buon cuore sono qualità essenziali che nutrono ogni aspetto della nostra esistenza. Gli atteggiamenti negativi, invece, causano solo danni a noi stessi e agli altri. Perciò ha senso concentrarsi su queste qualità positive quando siamo vicini alla morte e fare del nostro meglio per lasciare andare tutta la nostra negatività. Anche per coloro che hanno una forte convinzione che non esisteremo più dopo la morte questo può essere un atteggiamento utile in qualche modo, poiché può aiutarci a realizzare quanto sia incredibilmente preziosa questa vita e ispirarci a sfruttarla al meglio.

Ora parlerò di alcuni concetti della prospettiva buddista che credo possano essere utili a tutti, indipendentemente dal loro bagaglio culturale o religioso. La mia speranza è che possiate vedere come questi principi si relazionano al vostro sistema di credenze e poi applicarli alla vostra vita.

KARMA

Chi la fa l'aspetti.
- Proverbio tradizionale -

~

Con i nostri pensieri creiamo il mondo.
- Buddha -

~

Come seminate così raccoglierete.
- Gesù Cristo -

~

La maggior parte delle persone, buddisti e non buddisti, hanno già familiarità con il concetto di karma. Tuttavia, per essere sicuri che venga compreso in maniera chiara, vorrei usare un paio di analogie.

Immaginiamo di avere una vasca piena d'acqua limpida e di metterci dentro dello sporco o del colorante. L'acqua si intorbidirà. Allo stesso modo, la nostra mente è come quell'acqua limpida e qualsiasi azione o pensiero che abbiamo sarà impresso nel nostro flusso mentale. Dobbiamo capire che qualsiasi cosa pensiamo, diciamo o facciamo dipende dalla mente, poiché le nostre azioni iniziano con la mente e finiscono con la mente. La mente è quindi come un re e il corpo e la parola sono come i suoi servitori che eseguono qualsiasi cosa la mente ordini. Così, qualsiasi cosa facciamo è impressa nella mente. Secondo il buddismo, la mente e la parola dipendono dal corpo fisico e pertanto sono temporanei e soggetti a decadimento, mentre la mente sottile non dipende dalla materia fisica e quindi perdura dopo la morte. Per questo motivo, c'è la concezione di cicli continui di vita, attraverso i quali le impronte nella mente continuano da una vita all'altra.

Un'altra analogia è quella di una banca. Quando guadagniamo denaro lavorando duramente, lo mettiamo in una banca e, successivamente, quando avremo bisogno di usarlo, sarà lì che ci aspetterà. Allo stesso modo, quando abbiamo un pensiero virtuoso oppure compiamo un'azione positiva, accumuliamo meriti per il nostro futuro; tuttavia, quando pensiamo o agiamo in modo negativo, portiamo via dei meriti dal nostro deposito e, se ne togliamo una quantità sostanziale, alla fine dovremo ripagare il debito.

Il karma è un concetto fondamentale nel buddismo, anche se siamo assoggettati ad esso al di là del nostro credo spirituale. Se facciamo qualcosa di scortese o irriguardoso nei confronti di una persona, ciò porterà a due spiacevoli conseguenze. Prima di tutto, quella persona proverà antipatia nei nostri confronti e, in secondo luogo, ci pentiremo del nostro comportamento. Potremmo non accorgercene all'inizio, ma sotto sotto avremo sempre un po' di rimpianto nel nostro cuore, che alla fine verrà in superficie. D'altra parte, come dimostrano gli studi psicologici, se siamo gentili con qualcuno, noi stessi ci sentiamo più felici ed è anche più probabile che l'altra persona sia a sua volta gentile con noi. L'unica vera differenza tra questi semplici fatti e ciò che credono i buddisti è l'idea che il karma accumulato in questa vita venga portato nella vita successiva.

In che modo il nostro karma influisce sulle nostre vite future? Se siamo sempre molto generosi, noteremo innanzitutto che le persone intorno a noi sono generose nei nostri confronti. Potremmo anche notare che molte persone che non abbiamo mai incontrato in precedenza sono generose con noi; così il successo finanziario e le altre forme di successo risultano facili da raggiungere. La maggior parte di noi probabilmente la chiamerebbe fortuna, ma i buddisti credono che queste condizioni esterne favorevoli sono in realtà il risultato delle nostre precedenti buone azioni, ovvero del karma accumulato in questa vita o nelle vite precedenti. D'altra parte, se abbiamo cattive condizioni esterne nel presente, ciò è dovuto al karma negativo che stiamo elaborando. Questo si basa sull'idea che tutto è interdipendente e quindi nulla è casuale, anche quello che normalmente pensiamo essere buona o cattiva "fortuna".

Perciò non dovremmo sentirci scoraggiati se le nostre condizioni sono cattive, né dovremmo sentirci orgogliosi se le nostre condizioni sono fortunate. La persona che sta facendo la "bella vita" sta infatti utilizzando il karma positivo dalla sua banca del karma, mentre la persona che sta vivendo una situazione difficile sta utilizzando o "purificando" il suo karma negativo. Compiendo delle buone azioni, entrambi hanno l'opportunità di creare delle buone condizioni per se stessi nella loro vita attuale e in quelle future.

SOFFERENZA E PURIFICAZIONE

Per i buddisti la sofferenza è strettamente legata al karma. Buddha ha affermato che la sofferenza è la prima verità della vita, perché se siamo vivi siamo destinati a soffrire. Lo sappiamo già sulla base della nostra esperienza, perché inevitabilmente alcune cose vanno male - sperimentiamo grandi dolori e perdiamo persone e cose a cui teniamo. Pertanto, se non possiamo evitare gli eventi esterni che causano la sofferenza, cosa possiamo fare per superarla? La risposta è che dobbiamo capire che le cause alla radice della sofferenza si trovano nelle nostre precedenti emozioni e azioni negative. Attraverso la consapevolezza di questa verità possiamo imparare a generare degli stati d'animo sani e imparare a osservare, accettare e lasciare andare i pensieri e le emozioni che si manifestano nella nostra mente invece di aggrapparci ad essi. Attraverso questo processo possiamo ridurre il nostro attuale livello di sofferenza e gradualmente, passo dopo passo, rimuoverla del tutto.

La prima cosa che dobbiamo comprendere è che la sofferenza viene creata da noi stessi, dalla nostra mente e da nessun altro. Le condizioni esterne che pensiamo portino sofferenza sono in realtà condizioni secondarie; e sono il risultato del karma. Questo non significa che dobbiamo incolpare noi stessi per le nostre condizioni esterne: il senso di colpa non è rilevante né utile. Piuttosto dobbiamo capire le ragioni delle nostre condizioni esterne e poi agire di conseguenza.

Quindi, se la sofferenza presente e futura è una conseguenza del karma negativo, cosa possiamo fare? Siamo condannati a vivere le conseguenze delle nostre azioni passate oppure possiamo cambiare questa situazione?

Fortunatamente, è possibile purificare il nostro karma passato, se siamo sinceri. Ciò può prevenire la sofferenza futura e può anche diminuire la nostra esperienza di dolore durante il processo della morte. Per lavare qualcosa di sporco abbiamo bisogno di acqua e sapone. Per laviamo via il karma negativo abbiamo bisogno di quattro condizioni:

1. **Pentimento:** è necessario generare un'accettazione sincera per qualsiasi conflitto o problema vi abbia turbato nel corso della vostra vita, insieme al pentimento per qualsiasi errore che possiate aver commesso. Questo include tutto ciò che non ricordate di questa vita e forse anche cose di vite precedenti. La capacità di ricordare tutto, tuttavia, non è importante quanto la forza e la genuinità del sentimento che generate. Potete pensare "Eccomi, questo sono io. Non ho niente da nascondere, mi accetto completamente e riconosco onestamente tutti i miei difetti". Ricordate di non confondere il pentimento con il senso di colpa o la vergogna, che invece sono dannose, poiché l'idea è di riconoscere apertamente le vostre tendenze negative senza essere autocritici. Vi state dando il permesso di accettare ogni parte di ciò che siete come esseri umani e, poi, di lasciare andare via tutto ciò che vi appesantisce.

2. **Applicare l'antidoto:** dovreste impegnarvi nel compiere buone azioni e coltivare stati d'animo virtuosi, poiché questo fa parte del processo

di purificazione. Generate compassione verso gli altri e chiedete perdono in qualsiasi modo troviate significativo, chiedendo o pregando di essere aiutati a lavare via il vostro karma negativo. Molte persone trovano utile pensare di arrendersi a un "potere superiore", che sia Dio, Buddha o il comune potenziale umano di essere buoni. Vedendo le cose da questa prospettiva si può scoprire di essere in grado di perdonare coloro verso cui si porta rancore, di parlare francamente con coloro che prima sentivamo distanti, oppure anche di risolvere contrasti di lunga data. Il risultato più importante di questa pratica, tuttavia, è la trasformazione del vostro atteggiamento mentale.

3. **Determinazione:** dovreste essere sinceramente determinati a non ripetere le stesse azioni o abitudini che vi hanno portato a generare un karma negativo o a vivere in uno stato di conflitto emotivo. L'importanza di ciò non può essere sopravvalutata. La vostra determinazione dovrebbe essere tale che, anche se fosse in gioco la vostra vita, vi rifiutereste di commettere quella azione oppure di pensare di nuovo in quel modo. Si dice che una risoluzione forte e sincera può essere abbastanza potente da purificare molte vite di karma negativo. Ciò non dipende dalla quantità di tempo che dedicate a questo, ma piuttosto dalla sincerità e dalla forza del vostro impegno.

4. **Intensità:** infine dovete avere un alto grado di concentrazione, pensando intensamente a tutte le azioni negative che avete commesso e prendendo atto in maniera sincera di tutte le cose che volete cambiare. Potete pregare con fervore che tutto questo venga lavato via. Ci sono migliaia di preghiere formali nel buddismo e ce ne sono molte anche nel cristianesimo e in altre religioni, ma se non conoscete nessuna preghiera formale potete semplicemente dire qualsiasi cosa venga dal cuore. Non importano le parole che utilizzate, purché siano genuine e sincere. Allora questa pratica può essere molto potente.

Il dolore che si prova quando si muore può essere grande. La sofferenza mentale di una persona, tuttavia, è spesso molto più grande del dolore fisico. Imparando a purificare il karma negativo l'esperienza della sofferenza mentale può essere notevolmente ridotta. Anche il dolore fisico, sebbene ancora presente, non ci peserà più tanto come prima. Potremmo sentire ancora il dolore, ma non ne saremo più sopraffatti.

La psicologia occidentale ha identificato i vari stadi che attraversiamo in seguito alla diagnosi di una malattia terminale o dopo esserci trovati di fronte a qualsiasi brutta notizia inaspettata. Questi includono: la negazione del fatto che sia qualcosa che non va, la rabbia o la frustrazione per il fatto che le cose non vanno come vorremmo e poi la depressione e la perdita di fiducia quando vediamo che siamo in balia di qualcosa su cui non abbiamo controllo. Infine, anche se non tutte le persone raggiungono questo stadio, possiamo arrivare a uno stato di accettazione serena e autentica, avendo imparato a lasciare andare tutti i conflitti che abbiamo attraversato e a vedere la vita con un rinnovato senso di profondità e saggezza. Se comprendiamo la verità della sofferenza e lavoriamo duramente per purificare il nostro karma, possiamo arrivare a questo stadio di pace e accettazione molto prima.

Alla fine, se siamo malati e stanchi, è importante accettare la sofferenza che proviamo piuttosto che cercare di combatterla o di lottare contro il mondo esterno. Accettando la sofferenza ci liberiamo anche dal sentirci colpevoli di non poter più vivere all'altezza degli impegni e delle responsabilità precedenti, il che aggiunge solo dolore inutile alle pene che stiamo già attraversando. La cultura moderna è così concentrata sull'andare avanti e sull'essere occupati che spesso è difficile darci il permesso di ascoltare il nostro corpo e riposare quando ne abbiamo bisogno. Questo è vero per le persone in qualsiasi fase della vita, ma specialmente per chi si trova verso la fine della vita, quando molti di noi sono costretti a "rallentare" per la prima volta.

COMPASSIONE

Se qualcuno è infelice e ha un problema, spesso gli suggerisco di praticare la compassione. Potrebbero rispondermi "Sono così infelice io stesso, come posso avere compassione per gli altri?" Questo modo di pensare sembra suggerire che la compassione equivalga alla simpatia o all'essere dispiaciuti per gli altri e che soffriremo di più assumendoci i loro fardelli. Tuttavia, la sofferenza di solito arriva quando ignoriamo i sentimenti degli altri e siamo presi dal nostro orgoglio e dalla nostra vanità. Pertanto, generare vera compassione verso gli altri può essere un modo molto efficace per ridurre la nostra sofferenza.

Anche se può essere incredibilmente benefico praticare la compassione, molte persone hanno un'idea limitata di cosa sia effettivamente la compassione, pensando che significhi dispiacersi per gli altri mentre e provare di conseguenza una sensazione di disagio. La conclusione logica potrebbe essere "Provare compassione per un altro mi fa soffrire e quindi non dovrei pensare alla sofferenza altrui". Questo è un modo di pensare molto limitato, poiché la compassione genuina va sempre di pari passo con la saggezza, perciò non dovrebbe mai farci soffrire o diventare deboli. Perché? Compassione genuina significa comprendere le cause della sofferenza e capire come ogni essere vivente, a cominciare da noi stessi, ha il potenziale per superarla. Prendendo mentalmente su di noi la sofferenza degli altri possiamo sviluppare una mente forte e coraggiosa che, in realtà, ci protegge dal provare sofferenza!

Lasciatemi fare un esempio di come possiamo combinare la compassione con la saggezza. Se qualcuno spara a una persona oppure ruba i suoi beni, normalmente è facile provare compassione per chi ha perso i soldi, o addirittura la vita, ed essere arrabbiati con la persona che ha commesso il crimine. Combinando la compassione con la saggezza, invece, ci rendiamo conto che entrambi dovrebbero essere oggetto di compassione. In primo luogo, la persona che ha perso il denaro soffre come risultato di molti fattori, incluso il suo karma negativo precedente, mentre chi ha commesso il crimine lo ha fatto sotto il controllo di emozioni afflittive e sta creando nuove sofferenze per se stesso in futuro come conseguenza della sua azione (che potrà anche aumentare nelle vite future). È su questa base che la compassione può essere estesa allo stesso modo a tutti gli esseri viventi, amici e nemici.

Questo tipo di compassione non solo cerca di capire la sofferenza degli altri, ma ci rende anche pronti ad agire per alleviare la loro sofferenza. È meraviglioso se siamo in grado di aiutare gli altri ma, anche se non siamo in grado di farlo, dovremmo ricordare che avere compassione aiuterà di sicuro noi stessi. Comprendere la sofferenza degli altri significa ridurre la nostra stessa sofferenza, poiché in questa maniera ci rendiamo conto che stiamo tutti attraversando difficoltà simili e che non ha senso concentrarsi sui nostri problemi. Come le onde concentriche che si diffondono quando un sasso viene gettato in uno stagno, un atteggiamento di compassione può aiutare anche coloro con cui interagiamo, come gli amici e i familiari. Può essere un catalizzatore per costruire la pace tra noi e gli altri, e anche tra le altre persone che vedono il nostro esempio. Chissà quanto lontano si diffonderanno le onde della nostra compassione?

SUPERARE LA PAURA DI MORIRE

Morire è come cambiare i vestiti
- Sua Santità il Dalai Lama -

In generale le persone tendono ad evitare di pensare alla morte ma, prima o poi, dobbiamo renderci conto che è inevitabile. Invecchiando possiamo pertanto avere una maggiore paura della morte, una paura che si basa in gran parte su tre fattori principali. In primo luogo c'è il timore di perdere le persone care e i propri beni, oltre alla paura di non esserci più. Poi c'è la paura del dolore fisico della morte. Infine, dobbiamo affrontare la paura di affrontare le conseguenze delle azioni negative che possiamo aver commesso, spesso accompagnata da un profondo senso di rimpianto. Tutte queste paure, tuttavia, possono essere superate se sappiamo come farlo.

Dal punto di vista buddista l'attaccamento è una fonte di sofferenza e, quindi, deve essere abbandonato. Se siamo attaccati ai nostri cari la paura di perderli può causarci un'angoscia notevole. Per alleviare questa paura è molto utile pensare a tutti coloro con cui abbiamo un legame, anche quelli più vicini a noi, come se fossero persone che incontriamo per strada o come delle figure che ci appaiono in un sogno. Nel grande schema delle cose sono semplicemente conoscenze passeggere.

Ciò non significa, però, che non incontreremo mai più i nostri cari. Infatti, se lasciamo andare il nostro attaccamento, c'è in realtà una maggiore possibilità di incontrarli di nuovo in una situazione favorevole. Questo perché le interazioni positive che abbiamo avuto con loro, basate sulla gentilezza e sulla generosità, certamente faranno riunire nuovamente quando ci saranno le giuste condizioni. Anche se dobbiamo dire addio a tutti i nostri cari, possiamo in realtà guardare con gioia alla morte se la vediamo come un nuovo inizio e se siamo in grado di ridurre il nostro attaccamento alla nostra vita passata.

Potremmo anche avere una paura profondamente radicata del dolore fisico. A questo riguardo può aiutare essere consapevoli che non tutti sperimentano una morte dolorosa. Molte persone, infatti, muoiono senza dolore e con una mente completamente serena. Se proviamo dolore, tuttavia, è utile generare una mente forte e un atteggiamento che accetti il dolore con coraggio, invece di vederlo con paura o avversione. Ancora più importante, dovremmo essere consapevoli che il dolore che sperimentiamo può essere un modo per purificare enormi quantità di karma negativo, specialmente se siamo in grado di mantenere uno stato mentale virtuoso. Quando siamo malati l'esperienza del dolore è spesso un segno che il nostro corpo sta guarendo. È utile avere lo stesso tipo di consapevolezza quando il nostro corpo sta attraversando la transizione verso una nuova nascita.

In secondo luogo, è fondamentale che la mente non sia occupata soltanto dal dolore e che non si aggrappi ad esso. Anche quando proviamo dolore, il modo in cui lo affrontiamo dipende da quanto possiamo lasciare andare la nostra reazione alla sensazione di dolore, che a volte è schiacciante. Pertanto è utile imparare a "guardare" il dolore e lasciarlo svanire sullo sfondo, oppure vederlo come una semplice sensazione, riempiendo la nostra mente con pensieri forti e virtuosi, come l'ispirazione di Dio o qualsiasi cosa rappresenti la nostra verità più profonda.

Per affrontare i sentimenti di rimpianto dobbiamo prima capire che è bene provare un senso di rammarico per qualsiasi azione sbagliata che possiamo aver commesso. Dobbiamo ricordare che qualsiasi azione negativa e i suoi risultati sono solo temporanei e, quindi, non dovrebbero definire chi siamo. Invece la nostra vera natura è fondamentalmente pura e non inquinata da emozioni afflittive, proprio come un cielo limpido non contaminato dalle nuvole. Maggiore è il nostro sentimento di genuino pentimento per tutte le nostre azioni sbagliate, maggiore sarà il nostro potere di purificarci usando le quattro condizioni menzionate in precedenza: pentimento, applicazione di un antidoto, determinazione e intensità. Ricordate, pentimento genuino non significa che dovremmo rimanere bloccati dal senso di colpa e non fare nulla. Al contrario, dovrebbe motivarci ad accettare veramente chi siamo e tutto quello che è successo nella nostra vita, e fare del nostro meglio per eliminare gli stati d'animo negativi e coltivare le qualità mentali virtuose.

Può anche essere molto utile capire cosa succede quando moriamo. Gran parte di questa conoscenza proviene dalle pratiche tantriche del buddismo tibetano, con le quali i grandi praticanti si allenavano a praticare il passaggio consapevole attraverso l'esperienza della morte mentre erano ancora vivi. Siamo molto fortunati che tale conoscenza sia ora ampiamente disponibile, poiché può aiutarci a sapere esattamente cosa aspettarci durante il processo della morte e superare così la paura di non esserci più.

La morte è, in realtà, un processo che sperimentiamo ogni giorno nel momento in cui andiamo a dormire. Quando ci addormentiamo la mente grossolana, che consiste nei nostri pensieri ed emozioni ordinarie, si dissolve nella mente sottile e, in questo stato, possiamo sperimentare sensazioni di beatitudine e chiarezza. Nel processo della morte la mente sottile diventa ancora più sottile e le energie del corpo fisico si dissolvono una ad una nei quattro elementi: terra, acqua, fuoco e aria. Ecco perché, quando moriamo, inizialmente ci sembra di essere estremamente pesanti, come se stessimo annegando, perché l'elemento terra si dissolve gradualmente nell'elemento acqua. Poi ci sentiamo estremamente disidratati, perché l'elemento acqua si dissolve e, successivamente, con la dissoluzione dell'elemento fuoco, il nostro corpo diventa freddo. Infine troviamo difficile muoverci e, gradualmente, il nostro respiro si ferma mentre l'elemento aria si dissolve.

In questo processo di dissoluzione ci sono molti altri dettagli che si possono trovare in libri specifici dedicati all'argomento. È importante sapere, comunque, che il processo non termina con la cessazione del respiro. Anche se il respiro e il battito cardiaco si sono fermati e la persona è clinicamente morta, i processi mentali continuano ancora a svolgersi. Quindi è consigliabile non muovere per qualche tempo né distrarre con rumori la persona che si trova in questa fase. Tali interruzioni potrebbero effettivamente disturbare la mente sottile della persona morente mentre le fasi finali della dissoluzione stanno avendo luogo, causando agitazione nella sua mente.

In Tibet ci sono molti casi di praticanti spirituali che hanno mostrato una completa padronanza del processo della morte, e spesso i loro corpi sono ancora caldi, specialmente nella zona del centro del cuore, molti giorni dopo che la respirazione è cessata. Per fare un esempio, il mio maestro Lama Lobsang Trinley e il suo fratello spirituale Lama Rinpal furono entrambi in grado di annunciare il momento della loro morte e morirono in profondo assorbimento meditativo senza avere alcuna malattia. Il grande sedicesimo Karmapa fu sempre gioioso durante le ultime fasi della sua malattia, e molti giorni dopo la sua morte il suo cuore fu trovato ancora caldo, fatto che lasciò sbalorditi i medici e gli scienziati occidentali. Questo dimostra che ci può essere ancora una connessione tra la mente e il corpo molto tempo dopo che una persona viene normalmente considerata "morta".

Tuttavia, nella maggior parte delle persone, la mente sottile diventa lentamente più grossolana durante la separazione dal nostro corpo attuale e veniamo spinti verso una nuova rinascita. Tutto ciò è descritto negli "insegnamenti del bardo", dove il termine bardo designa lo stato intermedio, o il processo, tra una vita e la successiva. In questo stato la nostra consapevolezza cosciente riemerge con la capacità di percepire, sentire e riconoscere nuovamente le cose, ma senza il supporto di un corpo fisico. Dopo un periodo di transizione, che si dice duri circa sette settimane, questa consapevolezza cosciente generalmente rinasce in un nuovo corpo.

Tutti desideriamo una morte serena, ma questo dipende da come abbiamo vissuto la nostra vita. È importante, quindi, vivere una vita pacifica e impegnarsi quanto più possibile per sviluppare buone qualità mentali come la gentilezza amorevole, la compassione, il perdono e la tolleranza. Quando ci avviciniamo alla morte è estremamente importante concentrarsi sullo sviluppo di queste qualità poiché questo periodo è molto potente e ci può garantire una morte serena e una rinascita favorevole.

PRATICHE PER IL MOMENTO DELLA MORTE

Ci sono due importanti pratiche spirituali che possiamo intraprendere per aiutarci a raggiungere una morte serena. La prima è una pratica più estesa di purificazione che possiamo eseguire qualche tempo prima della morte o al momento della morte, se ne abbiamo l'energia. La seconda pratica è un metodo molto speciale e concreto per aiutarci a raggiungere la rinascita in un regno puro o in paradiso. Un tale regno riflette le qualità degli esseri illuminati ed è libero dalla sofferenza, poiché non c'è possibilità che sorgano stati mentali afflittivi e gli esseri che vi dimorano hanno spontaneamente stati mentali virtuosi e una percezione divina.

Entrambe queste pratiche, tuttavia, si basano sulla nostra capacità di sviluppare una mente calma e stabile. Pertanto è fondamentale innanzitutto imparare le basi della meditazione. Farò, quindi, una breve panoramica su come meditare prima di descrivere queste importanti pratiche.

Imparare a meditare

Purtroppo le nostre menti sono di solito così distratte che è difficile focalizzarsi su un oggetto senza perdere la concentrazione. È quindi fondamentale imparare un metodo o una routine per portare consapevolmente la mente e il corpo in uno stato rilassato, calmo e vigile ogni volta che vogliamo. Tutto ciò inizia dalla conoscenza delle corrette posture di meditazione.

1. *Le quattro posture di meditazione*

Si può meditare seduti, sdraiati, camminando o in piedi, e ognuna di queste posture può essere usata in modo formale o informale. Per sedersi si dovrebbe usare una comoda sedia imbottita con lo schienale dritto, oppure uno sgabello o un cuscino da meditazione. Le mani vengono tenute in grembo o sulle cosce, mentre la schiena è eretta, con il mento leggermente innalzato. La mascella, la lingua, le spalle e l'addome sono rilassati. Gli occhi sono chiusi o semiaperti e guardano lievemente verso il basso. Tenere la lingua dietro i denti superiori può rendere la mente più vigile, mentre tenerla dietro i denti inferiori può aiutare a raggiungere uno stato mentale più rilassato e calmo.

Per meditare da sdraiati si può stare distesi sulla schiena con le braccia lungo i fianchi e le mani aperte, oppure stendersi sul lato destro con la mano destra sotto la faccia, le gambe unite, le ginocchia leggermente piegate e il braccio sinistro lungo il lato sinistro del corpo. Per meditare camminando o stando in piedi bisogna tenere la mano destra nella sinistra unite davanti al corpo, lasciando che le braccia pendano naturalmente e assicurandosi di avere una postura eretta ma rilassata.

2. Il metodo di base della meditazione

Tutti i tipi di meditazione seguono lo stesso metodo di base, e questo inizia con il rilassamento consapevole del corpo. Un buon modo per raggiungere questo obiettivo è fare alcuni delicati "esercizi di rilassamento" prima della meditazione, come scuotere o massaggiare diverse parti del corpo oppure eseguire esercizi di stretching o delle semplici posizioni yoga. Dovreste poi abbandonare consapevolmente tutte le preoccupazioni del passato e sul futuro, prendendo la risoluzione di abbandonare la vostra "storia personale" mentre state meditando. Poi focalizzate la mente sulla consapevolezza del momento presente, sul respiro, sulla presenza fisica del vostro corpo, sulle sensazioni corporee, sui suoni intorno a voi e sullo stato della vostra mente, notando come tutte queste cose sorgono e passano.

Una volta che avete stabilito saldamente la vostra consapevolezza, continuate a concentrarvi sul momento presente, ancorandovi con l'attenzione rivolta al respirare attraverso l'intero corpo (notando se state facendo un respiro lungo oppure corto). In alternativa, potete spostare l'attenzione verso uno specifico oggetto di meditazione, come una visualizzazione, un suono, la contemplazione di un argomento come la gentilezza amorevole o la pura consapevolezza del respiro al cuore oppure sulla punta del naso.

È inevitabile che sorgano dei pensieri, e dovreste semplicemente guardarli o notarli con l'"aspetto della consapevolezza" della vostra mente senza attaccarvi ad essi, e poi tornare delicatamente all'oggetto della meditazione. I suoni e le altre sensazioni saranno ancora presenti sullo sfondo; una parte della vostra mente sarà consapevole di queste sensazioni, ma la vostra concentrazione non verrà disturbata se riuscirete semplicemente a guardarle senza reagire. Praticando in questo modo si dovrebbe, alla fine, arrivare ad uno stato in cui il corpo è rilassato, le emozioni sono calme e la mente è chiara.

All'inizio avere sessioni brevi e frequenti è il modo migliore per sviluppare uno stato mentale calmo ed equilibrato. In questo modo la pratica sarà piacevole e interessante, e sarete sicuri di notare un cambiamento dopo averla fatta per qualche tempo. Uno stato mentale calmo vi permetterà di sentire veramente l'effetto delle due pratiche che seguono e di ottenere una reale comprensione del loro vero significato.

Pratica di purificazione

Il compito più cruciale nel prepararsi alla morte è quello di purificare il nostro karma negativo. Ciò richiede le quattro condizioni di cui ho

*Vajrasattva, l'incarnazione della purezza nella
tradizione buddista tibetana*

parlato in precedenza: pentimento, applicazione dell'antidoto, determinazione e intensità. Possiamo rendere questa pratica ancora più potente con una particolare visualizzazione che i buddisti chiamano Vajrasattva. Vajrasattva è una luminosa divinità bianca che incarna la purezza, la compassione e il potere della guarigione. Per coloro che hanno diverse inclinazioni spirituali è importante eseguire questa pratica con il supporto di ciò che rappresenta questa verità per voi. Per esempio, potete scegliere di visualizzare Gesù, una presenza amorevole sotto forma di radiosa luce bianca, oppure un'immagine della natura, come il sole che splende attraverso una pioggia di luce.

Per prima cosa adottate una delle posture di meditazione descritte sopra, quella che è più comoda per voi. Portate alla mente qualsiasi cosa abbiate fatto di sbagliato in questa vita e riconoscete apertamente le vostre colpe, insieme a tutto il dolore che avete trattenuto dentro di voi per qualsiasi motivo. Potete anche riconoscere di aver commesso molte azioni negative nel corso di numerose vite. Visualizzate Vajrasattva (o qualsiasi cosa incarni questa verità per voi) sopra la vostra testa, di colore bianco come la luna ma trasparente, adornato di gioielli e seduto a gambe incrociate su un fiore di loto bianco. Chiedete con sincera onestà "Compassionevole Vajrasattva, per favore purifica tutto il mio karma negativo".

Poi visualizzate il nettare divino della beatitudine, della compassione e del perdono che scorre dal cuore di Vajrasattva e fluisce in ogni poro della vostra pelle e in ogni cellula del vostro corpo, lavando via tutto il vostro karma negativo e le emozioni dannose. Tutto le impurità vengono lavate via ed escono dalla parte inferiore del vostro corpo sotto forma di fumo nero, inchiostro o sangue sporco, scomparendo sotto terra. Lentamente il nettare divino riempie tutto il vostro corpo, che diventa limpido, come se aveste versato del latte in un bicchiere. Questa non deve essere soltanto una visualizzazione, ma dovete effettivamente sentire il flusso del nettare divino in tutto il vostro corpo.

Se trovate che questa visualizzazione sia troppo impegnativa, una forma alternativa della pratica è quella di visualizzare il calore del sole che riempie gradualmente il vostro corpo, seguito da una delicati doccia di pioggia di luce, che scorre sulla vostra pelle e, successivamente, attraverso tutti i vostri muscoli, ossa e organi interni. È meglio adottare una forma di pratica che riesca maggiormente a darvi una sensazione di calma, beatitudine e radiosità in tutto il vostro corpo.

Ogni giorno, il più spesso possibile, dovreste continuare con questa visualizzazione e diventare sicuri di aver purificato il vostro karma negativo e le emozioni dannose. Alla fine, quando avrete purificato sufficientemente il vostro karma, non avrete più paura della morte e non sarete più tormentati dai rimpianti; ciò vi aprirà la strada verso una morte serena e una preziosa rinascita. Potrete dire che la pratica sta funzionando quando riuscirete a sentire il bianco e radioso nettare di beatitudine riempire tutto il vostro corpo e avrete la convinzione di essere purificati, come se un grosso peso fosse stato rimosso dalle vostre spalle.

Perché Vajrasattva? Nella tradizione buddista, si dice che un santo conosciuto come Vajrasattva raggiunse l'illuminazione con l'aspirazione di purificare il karma negativo degli altri, il che è simile a Cristo che muore sulla croce per purificare i peccati del mondo. Pertanto, pregare con il supporto di Vajrasattva, o di Gesù se siete cristiani, può essere particolarmente potente.

Pratica per rinascere liberi dalla sofferenza

Se desideriamo rinascere belli, ricchi o potenti, questo è certamente realizzabile se conosciamo il metodo per purificare il nostro karma negativo e abbiamo l'aspirazione a rinascere in questo modo. Tuttavia, rinascere belli, ricchi o potenti non è una garanzia che saremo liberi dalla sofferenza nelle nostre vite future.

Se vogliamo veramente essere liberi dalla sofferenza, è meglio aspirare a rinascere in una terra pura o in un regno celeste. C'è un'intera scuola del buddismo (il "Buddismo della Terra Pura") che enfatizza l'addestramento della mente con questa aspirazione, in modo che, quando ci avvicineremo al momento della morte, avremo acquisito sicurezza e avere familiarità con la transizione per rinascere nel regno puro chiamato Sukhavati. Sebbene questi insegnamenti provengano dalle scritture buddiste e risalgano a molti secoli fa, non sono superati e non sono nemmeno soltanto oggetto di fede cieca. Piuttosto, sono stati confermati più e più volte dall'esperienza diretta di praticanti altamente realizzati, anche ai giorni nostri, e in molte occasioni la morte di questi praticanti è stata accompagnata da segni miracolosi. Infatti ho assistito personalmente molte volte a questi eventi in Tibet. Per fare un esempio, in un'occasione una donna del mio villaggio che stava morendo di

Buddha Amitabha

cancro alla gola mi disse che aveva avuto paura della morte per alcune settimane, finché un giorno ebbe una visione del Buddha rosso Amitabha davanti a sé; da quel momento perse completamente ogni paura di morire e si sentì gioiosa e tranquilla, senza alcuna preoccupazione per il dolore fisico.

Praticando diligentemente la meditazione per acquisire familiarità con il paradiso di Sukhavati, creeremo le condizioni per una morte senza paura, pacifica e gioiosa, sicuri che avremo una nuova meravigliosa rinascita. Vi prego di comprendere che questa pratica non è solo per i buddisti. Se avete una forte fede in Dio o in un grande essere come Gesù, questo per voi è Sukhavati, e quindi la pratica sarà comunque efficace.

Perché Sukhavati è così speciale? Proprio come Vajrasattva dedicò la sua illuminazione a purificare il nostro karma negativo, si dice che, un tempo, un bodhisattva, un grande essere, conosciuto come Amitabha ebbe l'aspirazione di liberare le persone dalla sofferenza al momento della morte e, attraverso la sua illuminazione, creò il paradiso di Sukhavati. Ciò non significa che abbia creato questo luogo; piuttosto, ha dedicato oceani di karma positivo affinché si manifestasse un regno puro in cui le persone sarebbero rinate se le loro aspirazioni fossero state veramente genuine.

Se rinasciamo in un regno puro, allora siamo perfetti per natura. Questo significa che possediamo naturalmente qualità mentali supreme, molto superiori alle qualità che ho descritto in questo libro. In particolare, abbiamo devozione, diligenza, memoria e chiaroveggenza eccezionali, concentrazione, compassione e saggezza. Nasciamo come esseri fisicamente e mentalmente perfetti con un aspetto divino. Anche se possiamo ancora avere certe propensioni, non è possibile che emozioni negative o cattive abitudini prendano il sopravvento, perché le condizioni esterne sono benedette dal potere divino di Amitabha. Per esempio, non c'è nessuno che provochi discussioni e non ci sono condizioni ambientali che portino a qualsiasi tipo di degenerazione, sofferenza o emozioni negative. Pertanto, tutto il nostro karma verrà purificato naturalmente e non rinasceremo mai più in un regno impuro se non per nostra scelta. Saremo veramente liberi.

Come possiamo raggiungere il regno puro di Amitabha? Gli insegnamenti parlano di quattro condizioni, che sono molto semplici ed efficaci. Tenete presente che questa è una pratica straordinariamente preziosa e potente. È estremamente raro incontrare questo insegnamento e avere la fortuna di praticarlo.

1. **Aspirazione genuina:** bisogna avere un'intenzione e un desiderio veramente genuini per rinascere a Sukhavati. Normalmente pensiamo al desiderio come a un ostacolo per una morte serena; tuttavia qui abbiamo una possibilità unica di usare questa emozione per

aspirare a rinascere a Sukhavati. Come esseri umani, di solito, siamo controllati dai desideri, ma ora abbiamo la possibilità di utilizzare il nostro desiderio per raggiungere il regno puro di Amitabha.

2. **Familiarizzazione:** è necessario avere familiarità con questo regno puro e, specialmente, con la forma di Amitabha, che è come una porta per entrare a Sukhavati. Perciò è consigliabile fare una pratica di visualizzazione del Buddha Amitabha o di qualsiasi immagine divina con cui sentite una connessione profonda, adottando una delle posture formali di meditazione descritte sopra.

Amitabha è tradizionalmente raffigurato di colore rosso rubino, come una montagna di rubino che brilla alla luce di mille soli. Indossa le semplici vesti di un monaco, seduto a gambe incrociate, con le mani in posizione di meditazione (la mano destra sopra quella sinistra che è appoggiata in grembo). Il colore rosso simboleggia il desiderio umano, laddove il Buddha Amitabha si manifesta per liberarci dal desiderio. Tradizionalmente la sua forma viene visualizzata sopra la corona della nostra testa o di fronte a noi, all'altezza della nostra fronte, rivolto nella nostra direzione. Normalmente l'immagine è molto più grande delle dimensioni di un essere umano, grande anche come una montagna; è possibile comunque visualizzarlo nella dimensione con cui vi trovate più a vostro agio. Immaginate poi l'incommensurabile gentilezza amorevole che si estende dal cuore di Amitabha sotto forma di luce rossa o rosa, connettendosi con ogni essere vivente nell'universo.

Se questa visualizzazione non vi viene facile, una forma alternativa è quella di immaginare una rosa rossa al centro del vostro cuore, che si apre lentamente e irradia una morbida luce rossa o rosa in ogni parte del vostro corpo. Poi potete visualizzare questa luce come una sfera che si espande gradualmente oltre il vostro corpo, creando, anche in questo caso, una connessione con ogni essere vivente.

Dovreste riuscire a mantenere questa visualizzazione chiaramente nella vostra mente, rafforzandola con una pratica ripetuta; a questo scopo sarebbe consigliabile esercitarsi ogni giorno, il più spesso possibile, più e più volte, finché non diventerete così familiari con la visualizzazione da percepire la presenza di Amitabha. È importante sentire una vicinanza o un forte senso di connessione con Amitabha. Se però trovate questa visualizzazione impegnativa, allora riempite la vostra mente del suo colore rosso rubino e del suo straordinario amore e compassione verso voi stessi e tutti gli esseri. Un ultimo punto da tenere presente è che, quando facciamo questa visualizzazione, non stiamo semplicemente inventando qualcosa, come quando immaginiamo un pezzo di legno che si trasforma in oro, bensì stiamo cercando di entrare in contatto con una realtà più profonda.

È anche bene familiarizzarsi con alcune delle caratteristiche uniche di Sukhavati,che sono descritte in dettaglio in vari testi buddisti. Come ho detto prima, a Sukhavati non c'è alcuna possibilità che sorgano afflizioni mentali in virtù della purezza dell'ambiente e dei suoi abitanti.

3. **Accumulazione di meriti:** dovete anche cercare il più possibile di compiere buone azioni e sviluppare qualità mentali virtuose. Siate gentili con gli altri, evitate la rabbia e la gelosia, e imparate a perdonare e a lasciare andare tutto ciò a cui siete attaccati. Ricordate a voi stessi che state cercando di trasformare la vostra mente per poter rinascere a Sukhavati. Inoltre pregate di rinascere lì per il beneficio di tutti gli esseri viventi, perché quando rinascerete lì avrete molta più libertà e capacità di aiutare gli altri, dal momento che avrete poteri divini che sono al di là della nostra comprensione abituale. Coltivate i meriti e le buone azioni durante il giorno ed evitate le azioni negative. Ogni mattina controllate la vostra moti-

vazione, prendendo la decisione di essere gentili e compassionevoli piuttosto che motivati dall'interesse personale. Siate determinati a non sprecare la giornata, ma di usarla saggiamente per accumulare meriti con l'aspirazione di rinascere a Sukhavati. Ogni sera riflettete sulle vostre azioni. Siate consapevoli delle vostre azioni virtuose e non virtuose, gioite delle vostre buone azioni, dedicandone i meriti, e prendete la risoluzione di non ripetere mai più le azioni negative in futuro.

4. **Dedica:** dovreste dedicare tutto il bene che avete fatto nel corso della vostra vita, così come gli oceani di buone azioni compiute da altri di cui siete a conoscenza o che potete immaginare, per ottenere una rinascita in una terra pura. Dedicare le buone azioni degli altri, oltre alle nostre, aumenta la forza della nostra aspirazione. Ogni volta che compiete una buona azione, dedicatela con una preghiera sincera, esprimendo un desiderio sincero di rinascere a Sukhavati per il bene degli altri. Pensate tra voi: "Che io possa dedicare le mie virtù, insieme alle virtù di tutti gli esseri, in modo da poter rinascere a Sukhavati a beneficio di tutti gli altri. Che io possa dedicare queste virtù per dissipare tutti gli ostacoli alla realizzazione di questa pratica. Possa io anche dedicare queste virtù affinché tutti gli esseri abbiano la fortuna di incontrare e praticare questi insegnamenti".

Assicuratevi di non dedicare le vostre buone azioni a una futura rinascita con buona salute, bellezza, ricchezza, posizione sociale e così via. Queste qualità sono limitate e si esauriranno. Se la vostra dedica sarà rivolta a rinascere a Sukhavati, conoscerete queste e molte altre qualità sconfinate che vanno veramente oltre la vostra immaginazione.

La vita dopo la morte

Cosa succede realmente quando moriamo, se ci siamo esercitati bene nella pratica di Amitabha? Gli insegnamenti dicono che si potrà nascere miracolosamente da un fiore di loto e avere un'esperienza di fusione con una luce calda e senza limiti, vedere direttamente il volto di Amitabha o sentire la sua presenza amorevole. Potremmo ricevere una profezia della nostra stessa illuminazione, o essere guidati da esseri illuminati verso la nostra rinascita.

Se diventiamo familiari e sviluppiamo una forte fede in Amitabha, allora potremo vederlo direttamente prima della morte, e questa esperienza diretta ci toglierà completamente la paura di morire. Anche se ciò potrebbe sembrare incredibile, non è solamente una superstizione. Nella mia provincia, in Tibet, ho conosciuto persone che, una volta, vivevano in maniera frenetica e non avevano tempo per impegnarsi nella pratica spirituale, ma poi si sono concentrati sulla meditazione di Amitabha. Quando si stavano avvicinando alla vecchiaia e alla morte, molti di loro ebbero visioni di Amitabha e si sentivano molto gioiosi e sicuri. Ognuno di loro ha sperimentato una morte serena, senza paura e senza dolore. Sono stato testimone diretto di questi eventi pochi anni fa - non è soltanto una storia.

Tutto questo vale anche per la gente occidentale? Certamente! Coloro che hanno avuto un'esperienza di pre-morte parlano spesso di essere stati attirati e poi avvolti dalla luce; raccontano anche di una presenza di amore incondizionato. Mi ha particolarmente interessato leggere che Elizabeth Kubler-Ross, famosa per il suo lavoro di ricerca sulle persone prossime alla morte, descrive, nella sua autobiografia, un'esperienza molto simile che lei stessa ha provato poco prima della sua morte. L'autrice ricorda di aver lasciato il suo corpo e di aver visto molti fiori di loto incredibilmente belli davanti a lei, di aver visto una luce e di aver saputo che doveva passare attraverso un particolare fiore di loto enorme e fondersi con la luce e la sua presenza amorevole. Questa esperienza le ha fatto perdere completamente la paura della morte:

non c'è da avere paura della morte. Può essere l'esperienza più bella della vostra vita. Tutto dipende da come avete vissuto.

Tutto questo è simile, per molti versi, all'esperienza dei praticanti di Amitabha in Tibet, anche se Elizabeth Kubler-Ross non ha menzionato di aver visto un essere di colore rosso rubino. Non è necessario che i dettagli specifici siano identici, perché la percezione dipende da come la mente è stata allenata. L'aspetto essenziale è di riconoscere la necessità di vivere come delle brave persone, con una forte fede e compassione, acquisendo una fiducia incrollabile nel fatto che avremo una morte serena e senza paura.

Anche se non siamo diventati così familiari con la pratica di Amitabha o semplicemente non riusciamo a relazionarci con essa, dobbiamo ricordarci che tutti gli insegnamenti spirituali parlano della possibilità di una vita dopo la morte. Nella tradizione tibetana ci sono molte prove che suggeriscono che questa non sia soltanto una credenza basata sulla fede cieca. Uno degli esempi più significativi è il Dalai Lama, la cui attuale incarnazione è Tenzin Gyatso, conosciuto anche come Sua Santità il quattordicesimo Dalai Lama. Fu riconosciuto in tenera età come l'incarnazione del tredicesimo Dalai Lama attraverso un rigoroso processo di esame che includeva, tra l'altro, la verifica della sua capacità di riconoscere oggetti a lui familiari nella sua vita precedente. Inoltre, progrediva ad un ritmo insolitamente rapido nei suoi studi rispetto agli altri monaci, lasciando intuire una grande "capacità spirituale" innata. Inoltre, alla fine di ogni vita, Sua Santità dà un'indicazione di dove rinascerà nella vita successiva; ciò suggerisce che abbia sufficiente controllo sulla sua mente per scegliere effettivamente le circostanze della sua rinascita e che il suo profondo impegno per il benessere del popolo tibetano sia un impegno destinato a durare molte vite.

Allo stesso modo ci sono molti casi di tulku tibetani, o reincarnazioni riconosciute, che scelgono di tornare, vita dopo vita, per continuare il lavoro nel loro monastero o anche all'estero, qualunque siano le loro aspirazioni. Non soltanto sono riconosciuti attraverso prove specifiche e dall'attenta interpretazione di "segni", ma molti di loro hanno anche la capacità di ricordare eventi chiave delle loro vite passate, nello stesso modo in cui noi possiamo ricordare delle cose che ci sono successe durante la nostra infanzia.

Sicuramente questo fenomeno non è limitato solo ai tibetani. In tempi recenti non pochi occidentali sono stati riconosciuti come reincarnazioni di lama tibetani. Esiste anche un numero impressionante di casi di persone nei paesi occidentali con notevoli capacità di ricordare quelle che sembrano essere vite precedenti. Alcune delle loro storie corrispondono quasi esattamente con le prove storiche di una particolare epoca o di una situazione specifica, rivelando fatti che semplicemente non avrebbero potuto essere raccolti con mezzi fraudolenti. Per esempio, ci sono molti casi documentati di bambini piccoli che sono riusciti a identificare case e membri della famiglia della loro vita precedente, ricordando nomi e incidenti che sono stati confermati da coloro che ancora vivono in quei luoghi.

Fondamentalmente ci sono due tipi di rinascita. In primo luogo c'è la rinascita per scelta, in cui abbiamo un elevato controllo sulla nostra mente e possiamo scegliere di rinascere tra persone o situazioni nelle quali riusciamo ad aiutare efficacemente gli altri, proprio come Sua Santità il Dalai Lama. Poi c'è la rinascita sotto il controllo del karma, nel qual caso siamo trascinati dal potere delle nostre azioni precedenti verso una nuova esistenza, come determinato dalle nostre emozioni e dal karma.

Rinascere a Sukhavati, tuttavia, ci permette di superare questa reazione karmica a catena. Ciò significa che non rinasceremo mai più nel regno umano, o in qualsiasi altro regno, a meno che non lo scegliamo. Questo insegnamento è, quindi, estremamente prezioso, poiché può aiutarci a sfuggire al ciclo di morte e rinascita incontrollate una volta per tutte.

Epilogo

Questo libro non è stato scritto a scopo di intrattenimento. Piuttosto, è mio sincero desiderio che lo vediate come un utile riferimento a cui potete rivolgervi in qualsiasi fase della vita. Spero che ne farete uso quando vi troverete di fronte a delle difficoltà, quando dovrete prendere delle decisioni importanti, o quando semplicemente avrete voglia di prendervi del tempo per riflettere su come sta andando la vostra vita.

Per questo motivo vi incoraggio fortemente a non metterlo su uno scaffale a prendere polvere quando avrete finito di leggerlo. Tenetelo con voi ovunque andiate. Riflettete sul suo contenuto di continuo e applicate nella vostra vita quotidiana la saggezza che ne trarrete. Discutete le idee di questo libro con il vostro partner, la vostra famiglia o i vostri amici. Non accettatele con fede cieca, ma mettetele alla prova per vedere se funzionano per voi, proprio come uno scienziato che fa un esperimento. Inoltre non pensate che alcune sezioni siano abbastanza ovvie e che non valga la pena rifletterci sopra, perché spesso abbiamo difficoltà in certe aree della nostra vita proprio in quanto non riusciamo a riflettere su cose apparentemente ovvie.

Sarà molto utile se riuscirete ad applicare tutti i principi che avete imparato ad ogni situazione che vi troverete ad affrontare, e se poi vi chiederete quanto bene hanno funzionato e se potreste fare di meglio la prossima volta. Continuate a farlo ancora e ancora, e rinnovate il vostro impegno a praticare qualità virtuose ogni giorno, specialmente la gentilezza e la gratitudine. Anche se certe idee sembrano ovvie, ricordate che c'è una grande differenza tra sapere una cosa e comprenderla veramente o averla interiorizzarla. Forse potreste trovare uno spazio di quindici o venti minuti al giorno per iniziare un rituale di autoriflessione, oppure farlo anche in maniera più regolare durante tutta la giornata. Sarete quindi in grado di interiorizzare la saggezza contenuta in questo libro e applicarla a ogni situazione in cui vi troverete. Una volta che sarete abili a praticare regolarmente delle sane qualità mentali, riuscirete gradualmente a sperimentare la gioia suprema che sorge con i livelli più profondi di felicità.

Da bambini vogliamo sentirci bene ed essere sicuri di noi stessi. Da adolescenti e giovani adulti vogliamo conoscere i segreti del successo nella carriera e nelle relazioni. Quando cresciamo vogliamo imparare a vivere una vita ricca e gratificante, affrontando i cambiamenti e le sfide nel miglior modo possibile. Infine, quando ci avviciniamo alla fine della nostra vita, vogliamo sapere come prepararci a una morte serena. In ognuna di queste fasi possiamo imparare a identificare e coltivare le condizioni che portano alla felicità nel modo in cui si applicano alla nostra particolare situazione.

Tuttavia non dovete pensare che solo il capitolo dedicato alla vostra fascia d'età sia adatto a voi. È possibile che anche una persona anziana e in pensione possa trovare il capitolo sull'adolescenza o sulla prima età adulta pertinente alla sua situazione di vita. D'altra parte, anche se siete giovani, potreste trovare che i capitoli successivi del libro vi aiutino molto a preparare il vostro futuro, dandovi un'idea su come affrontare le sfide che incontrerete. Pertanto ogni capitolo potrebbe esservi utile in qualsiasi momento.

Immaginate che, nel futuro, sarete molto amati e rispettati dalla vostra comunità locale. Sarete saggi, generosi e pieni di fiducia; sarete in grado di portare grandi benefici alle persone intorno a voi e ogni momento della vostra vita sarà pieno di vera soddisfazione e felicità. Almeno, dal punto di vista buddista, è così che diventerà la vostra vita se comincerete a coltivare le cause della felicità adesso, più avanti in questa vita o in una vita futura. Come disse il Buddha: "Quello che sei è quello che hai fatto, quello che sarai è quello che fai ora". Da questo punto di vista potremmo pensare a questo libro come una guida per raggiungere la felicità durante l'arco di molte vite, non solo in questa vita. Quindi, se da adolescenti avete preso qualche decisione sbagliata, forse la prossima volta sarete un po' più saggi!

Per molti anni ho desiderato scrivere un libro come questo, perché mi sono reso conto di quanto sarebbe potuto essermi utile quando stavo crescendo. Ho anche capito che molti dei problemi che ho affrontato in Tibet erano esattamente gli stessi che affrontano le persone occidentali e che anche le cause della felicità sono identiche, indipendentemente da dove veniamo, da quanti anni abbiamo o da quanta ricchezza possediamo. Inoltre ho scoperto che in Occidente abbiamo un sistema educativo che pone l'accento sull'essere intelligenti, istruiti e produttivi, ma c'è poca enfasi sull'imparare a gestire le emozioni e prendere decisioni sagge; questi ultimi aspetti vengono spesso lasciati al caso. Inoltre sembra che non ci sia molta "cultura della saggezza" al giorno d'oggi e le persone raramente hanno l'opportunità di discutere le grandi domande della vita. Spero che questo libro possa dare un piccolo contributo per colmare alcune di queste lacune.

Ci sono ora tre consigli finali con cui vorrei lasciarvi. In primo luogo, vi esorto a non cercare mai la felicità a spese di altre persone. In secondo luogo, vi invito a cercare il più possibile di portare beneficio agli altri. Infine, vi chiedo di ricordare che la felicità dipende quasi sempre completamente da voi e dipende sempre da quanta gratitudine e apprezzamento avete nel vostro cuore. Il mio augurio più sincero è che possiate comprendere profondamente il significato di questo libro e che siate ispirati a trarre il massimo da questa preziosa vita umana. Prego che possa guidarvi verso una vita ricca, significativa e più felice.

Riepilogo degli esercizi

Il metodo di base della meditazione

Tutti i tipi di meditazione seguono lo stesso metodo di base, e questo inizia con il rilassamento consapevole del corpo. Un buon modo per raggiungere questo obiettivo è fare alcuni delicati "esercizi di rilassamento" prima della meditazione, come scuotere o massaggiare diverse parti del corpo oppure eseguire esercizi di stretching o delle semplici posizioni yoga. Dovreste poi abbandonare consapevolmente tutte le preoccupazioni del passato e sul futuro, prendendo la risoluzione di abbandonare la vostra "storia personale" mentre state meditando. Poi focalizzate la mente sulla consapevolezza del momento presente, sul respiro, sulla presenza fisica del vostro corpo, sulle sensazioni corporee, sui suoni intorno a voi e sullo stato della vostra mente, notando come tutte queste cose sorgono e passano.

Una volta che avete stabilito saldamente la vostra consapevolezza, continuate a concentrarvi sul momento presente, ancorandovi con l'attenzione rivolta al respirare attraverso l'intero corpo (notando se state facendo un respiro lungo oppure corto). In alternativa, potete spostare l'attenzione verso uno specifico oggetto di meditazione, come una visualizzazione, un suono, la contemplazione di un argomento come la gentilezza amorevole o la pura consapevolezza del respiro al cuore oppure sulla punta del naso.

È inevitabile che sorgano dei pensieri, e dovreste semplicemente guardarli o notarli con l'"aspetto della consapevolezza" della vostra mente senza attaccarvi ad essi, e poi tornare delicatamente all'oggetto della meditazione. I suoni e le altre sensazioni saranno ancora presenti sullo sfondo; una parte della vostra mente sarà consapevole di queste sensazioni, ma la vostra concentrazione non verrà disturbata se riuscirete semplicemente a guardarle senza reagire. Praticando in questo modo si dovrebbe, alla fine, arrivare ad uno stato in cui il corpo è rilassato, le emozioni sono calme e la mente è chiara.

All'inizio avere sessioni brevi e frequenti è il modo migliore per sviluppare uno stato mentale calmo ed equilibrato. In questo modo la pratica sarà piacevole e interessante, e sarete sicuri di notare un cambiamento dopo averla fatta per qualche tempo. Uno stato mentale calmo vi permetterà di sentire veramente l'effetto delle due pratiche che seguono e di ottenere una reale comprensione del loro vero significato.

RIFLESSIONE - PRENDERE DECISIONI

Pensate a tutte le decisioni importanti che avete preso di recente. Come siete giunti a quella decisione? Avete chiesto consiglio ad altre persone con molta esperienza di vita? Avete considerato a fondo tutte le conseguenze della vostra scelta? Le vostre aspettative erano realistiche o irrealistiche? Avete considerato lo scenario peggiore? Avevate dei piani di riserva? Siete stati completamente onesti con voi stessi o avete preso la decisione perché volevate impressionare qualcuno? Avete considerato tutte le opzioni possibili?

Ora pensate alle decisioni che state per prendere. Ponetevi di nuovo tutte queste domande, assicurandovi di considerare attentamente tutte le opzioni. Ora sedetevi in posizione eretta, con la colonna vertebrale dritta, rilassate il corpo, fate alcuni grandi respiri profondi e schiaritevi la mente. Se siete onesti con voi stessi, qual è la decisione migliore?

Esercizio - Riflettere sulla vostra giornata

Mettete da parte circa quindici minuti ogni mattina e ogni sera. Al mattino controllate il vostro atteggiamento prima di iniziare la giornata. Siete grati di essere vivi e di vivere in un paese dove le circostanze rendono la vita così facile rispetto ad alcuni paesi del terzo mondo? Siete determinati a usare questo giorno con saggezza e a praticare la compassione al meglio delle vostre possibilità, rimanendo fedeli ai vostri valori più profondi? Nel vostro lavoro e nelle vostre relazioni siete disposti ad essere pazienti se le cose non andranno come vi aspettate?

Alla sera riflettete sulla giornata appena trascorsa. Pensate alle persone con cui avete parlato, ai luoghi che avete visitato e alle cose belle e brutte che sono successe. Per cosa potete provare gratitudine? Potreste scrivere una lista di cinque o dieci cose in un "diario della gratitudine".

Sedetevi con la schiena dritta, rilassate tutti i muscoli e fate qualche bel respiro profondo. Cercate di rimanere rilassati, con una naturale sensazione di appagamento e di gioia, e pensate a come potete rendere la giornata di domani davvero significativa e preziosa.

Esercizio - Imparare dall'esperienza di vita

Ormai abbiamo accumulato molte esperienze di vita e possiamo imparare tante lezioni preziose se riflettiamo profondamente su ciò che la nostra vita ci ha insegnato. Questo può anche farci rivalutare alcune delle nostre priorità.

Per prima cosa pensate a una persona con cui avete avuto una relazione in passato. Non deve necessariamente essere un partner, può essere un amico, un genitore oppure un collega. Qual era la vostra motivazione per essere in quella relazione? È andata come vi aspettavate? In che misura siete riusciti a superare le difficoltà? Quanto aperta era la vostra comunicazione? Se c'è stato un momento di grande difficoltà nella relazione potete scrivere ciò che ricordate di quel periodo - ciò può aiutarvi ad accettare il passato e ad andare avanti.

Poi pensate a un lavoro che avete svolto in passato e ponetevi domande simili. Qual era la vostra motivazione per fare questo tipo di lavoro? Cos'altro avete imparato dalle vostre esperienze?

Ora considerate la vostra situazione attuale. Chiedetevi "Come posso applicare le lezioni che ho imparato? Come posso vivere la mia vita nel modo più saggio possibile?"

Sedetevi in posizione eretta con la spina dorsale dritta e le mani in grembo, tendendo il vostro corpo e poi rilassandolo completamente. Chiedetevi onestamente se c'è qualcosa che vorreste cambiare nella vostra vita e poi pensate a come potreste attuare questo cambiamento.

ESERCIZIO - RIFLETTERE SULL'IMPERMANENZA

Pensate ad alcune delle perdite e dei cambiamenti a cui avete assistito in questo periodo della vostra vita e meditate su quanto segue:

- Tutto ciò che è nato invecchierà e morirà.
- Tutto ciò che è stato raccolto sarà disperso.
- Tutto ciò che è stato accumulato si esaurirà.
- Tutto ciò che è stato costruito crollerà.

Allo stesso modo, l'amicizia e l'odio, la fortuna e il dolore, i molti pensieri che attraversano la nostra mente, tutto è in continuo cambiamento.

Ricordate a voi stessi che l'impermanenza è semplicemente la verità su come è la vita, pertanto l'unica cosa che abbiamo veramente è il qui e ora, il presente. Come può questa comprensione aiutarvi ad affrontare la perdita di una persona cara? Come può cambiare la vostra prospettiva sui diversi tipi di perdita che ci troviamo ad affrontare - la perdita di persone care, la perdita di un lavoro, o la perdita di qualsiasi cosa a cui teniamo? Può anche essere utile ricordare che i cambiamenti non portano necessariamente cose negative - a volte possono essere di grande beneficio, anche se questo può non essere evidente all'inizio.

Riflettendo su tutte queste domande, sedetevi con la schiena dritta, sentite il vostro corpo rilassarsi e fate alcuni respiri profondi e dolci. Quali lezioni ha in serbo per voi la verità dell'impermanenza?

Note

Capitolo 1: Introduzione alla felicità

1. Per una semplice presentazione del concetto buddista di illuminazione e di come possiamo seguire il percorso verso l'illuminazione, fate riferimento a: Shar Khentrul Jamphel Lodrö, Unveiling Your Sacred Truth: A Gradual Discovery of Enlightenment through the Jonang-Shambala Kalachakra Tradition (Melbourne: Tibetan Buddhist Rimé Institute 2015).

2. See: Martin Seligman, Authentic happiness (Sydney: Random House, 2002).

3. Si veda: Martin Seligman, Authentic happiness (Sydney: Random House, 2002). L'argomento di un "punto stabilito felicità" è stato uno dei temi principali affrontati in una conferenza tra alcuni scienziati occidentali e il Dalai Lama alla fine del 2004 in cui si è trattato del nuovo eccitante campo della "neuroplasticità": Sharon Begley (ed), Train Your Mind, Change Your Brain (New York: Ballantine Books, 2007), 226-9. Questo tema viene discusso anche in: Norman Doidge. The Brain that Changes Itself (New York: Viking, 2007).

4. Le diverse prospettive sulla felicità dei filosofi occidentali sono descritte splendidamente in termini laici in: Alain de Botton, Consolation of Philosophy (Londra: Penguin Books, 2001).

5. Una guida pratica alla terapia cognitiva può essere trovata in: David Burns, Feeling Good: the New Mood Therapy (New York: Avon Books, 1999).

6. Si veda: P. Brickman, D. Coates e R. Janoff-Bulman, "Lottery win-

ners and accident victims: is happiness relative?", Journal of Personal and Social Psychology 36 (1978): 917-27.

7. Si veda: T. Elbert, C. Pantev, C. Wienbruch, B. Rockstroh, and E. Taub, "Increased cortical representation of the fingers of the left hand in string players", Science 270 (1995): 305-7.

8. Si veda: A. Lutz, L.L. Greischar, N.B. Rawlings, M. Ricard, and R.J. Davidson, "Long-term meditators self-induce high-amplitude gamma synchrony during mental practice", Proceedings of the National Academy of Sciences 101 (2004): 16369-73

9. Si veda ancora: Sharon Begley (ed), Train Your Mind, Change Your Brain: 226-9.

CAPITOLO 2: ESPLORARE LE CONDIZIONI DELLA FELICITÀ

10. Il fenomeno del "flusso" è stato ben studiato dagli psicologi - si veda: M. Csikszentmihalhyi, Finding Flow: The Psychology of Engagement with Everyday Life (Basic Books: 1998). Da un punto di vista buddista, ciò è simile al raggiungimento di uno stato di concentrazione su un punto singolo - sebbene questo sia uno stato mentale felice e beato, non equivale al livello più profondo di felicità.

11. Il campo della psicologia positiva elenca sei virtù chiave, o punti di forza, che sono risultati essere comuni a quasi tutte le tradizioni: saggezza, coraggio, amore e umanità, giustizia, temperanza e trascendenza (o spiritualità). Lavorare per migliorare le qualità virtuose di una persona è ora visto come una forma importante di psicoterapia. Si veda: Martin Seligman, Authentic happiness, 125-61.

12. Si veda: Tal Ben-Shahar, Even Happier: A Gratitude Journal for Daily Joy and Lasting Fulfillment (New York: McGraw-Hill, 2010), 9-11.

13. Questo è il principio di base di una forma di psicoterapia conosciuta come ACT (Acceptance and Commitment Therapy). Tale approc-

cio utilizza strategie di accettazione e di mindfulness per affrontare direttamente il problema dell'evitamento esperienziale, con cui aggraviamo la nostra sofferenza lottando con pensieri e sentimenti indesiderati e rivivendo eventi dolorosi. Allo stesso tempo ci si concentra sulla creazione di una vita appagante e ricca. Anche se la riduzione dei sintomi di un paziente non è l'obiettivo della terapia, questo risultato viene quasi sempre ottenuto come prodotto secondario. Si veda: Russel Harris, "Embracing Your Demons: an Overview of Acceptance and Commitment Therapy". Psychotherapy in Australia 12 (4): 2-8.

14. L'approccio di acquisire consapevolezza o comprensione delle nostre tendenze negative è stato il pilastro della psicoterapia occidentale per molti anni. La terapia cognitiva cerca di aiutarci a identificare i nostri schemi di pensiero momento per momento, per poi trovare i presupposti nascosti che sono alla base di questi pensieri. La psicoanalisi, d'altra parte, parla di "meccanismi di difesa" come la negazione, la repressione o il passaggio all'atto, che bloccano le esperienze dolorose del passato; la consapevolezza e la comprensione di questi modelli possono aiutarci ad accettare il passato e ad andare avanti.

Capitolo 3: Infanzia - Seminare i semi della felicità

15. La psicologia moderna sostiene l'opinione che i genitori hanno un ruolo cruciale nel piantare i semi nella mente dei loro figli, anche senza che essi lo sappiano. Si è persino detto che i bambini possono "registrare" i messaggi dei genitori o che i genitori possono ipnotizzare i loro figli (si veda: Steve Biddulph, The Complete Secrets of Happy Children [Sydney: Harper Collins, 1998]). Si spera che discutere questioni importanti come quelle sollevate in questi raccon-

ti aiuterà a creare un ambiente familiare propizio affinché i bambini ricevano messaggi positivi.

16. Il racconto sull'amicizia e quello sulla consapevolezza sono entrambi adattati da storie della vita del Buddha come presentate in: Tich Nhat Hanh, Old Path White Clouds: Walking in the Footsteps of the Buddha. (Berkley: Parallax Press, 1991).

Capitolo 4: Adolescenti - Prendere la direzione giusta

17. Tal Ben-Sahar parla di tre cose cruciali da considerare quando si sceglie una carriera o ci si impegna in qualsiasi tipo di obiettivo: forza, piacere e significato. Dovremmo chiederci: "Quali sono i nostri punti di forza?", "Cosa ci piace fare?" e "Cosa ci dà significato?" Tal Ben-Sahar suggerisce anche di scrivere ciò che si vorrebbe fare veramente (qualcosa che viene da un profondo senso di convinzione personale o da un forte interesse) e poi controllare se tutto ciò è influenzato, in qualche modo, dalle aspettative degli altri. Se volete davvero fare qualcosa, alla fine non importa cosa pensano gli altri. Si veda: Tal Ben-Shahar, Happier: Learn the Secrets to Daily Joy and Lasting Fulfillment (New York: McGraw Hill, 2007): 103-105.

18. Nella tradizione tantrica buddista si parla di un sistema dinamico psicofisico all'interno del nostro corpo, che può essere percepito direttamente dopo molti anni di allenamento yogico. Se pensiamo al corpo umano come ad una città, allora i canali sono le sue strade, i venti interni sono come un cavallo e la mente è come il suo cavaliere (visualizzata nella forma di essenze sottili situate in particolari punti del corpo). Per una spiegazione più dettagliata si veda: Sogyal Rinpoche, The Tibetan Book of Living and Dying (Sydney: Random House, 2002), 252-3.

Capitolo 5: Prima età adulta - una seconda opportunità per sviluppare la saggezza

19. Anche la psicologia moderna concorda sul fatto che è fondamentale avere una visione matura dell'amore romantico. Si veda: Tal Ben-Shahar, Happier: Learn the Secrets to Daily Joy and Lasting Fulfillment (111-22).

20. Il grado di intelligenza emotiva che hanno le coppie è un fattore chiave per tenerle insieme e rafforzare la loro relazione, e, secondo John Gottman, questa è un'abilità che si può imparare. Ciò include: imparare a concentrarsi sulle qualità positive dell'altro, interagire frequentemente e apertamente, condividere valori e interessi, e risolvere i conflitti in modo maturo, essendo sempre pronti al compromesso. Si veda: John Gottman & Nan Silver. The Seven Principles for Making Marriage Work (New York: Random House, 2000). Per una guida pratica all'intelligenza emotiva si veda anche: Jeanne Segal. The Language of Emotional Intelligence: The Five Essential Tools for Building Powerful and Effective Relationships (New York: McGraw Hill, 2008).

21. Ci sono molti studi al giorno d'oggi nel campo emergente della medicina mente-corpo che studiano il legame tra una mente serena e un corpo sano. Per una discussione pratica sulla relazione tra stress e stati di malattia si veda: Craig Hassed, Know Thyself: the Stress Relief Program. (Melbourne: Michelle Anderson Publishing, 2006, 18-22), e relativi riferimenti ivi contenuti.

22. Nella tradizione buddista tibetana la forma più alta di compassione è conosciuta come bodhicitta, il desiderio altruistico di raggiungere l'illuminazione per condurre tutti gli esseri viventi all'illuminazione. Si veda anche: Shar Khentrul Jamphel Lodrö, Unveiling Your Sacred Truth.

23. Dal Digha Nikaya, the Long Discourses of the Buddha (DN 31).

CAPITOLO 6: LA MEZZA ETÀ - L'ETÀ DELL'ESPERIENZA

24. Il Nobile Ottuplice Sentiero comprende: retta visione, retta intenzione, retta azione, retta parola, retto sostentamento, retto sforzo, retta concentrazione e retta consapevolezza. I primi due stadi rappresentano la saggezza, i quattro seguenti sono correlati con la disciplina e gli ultimi due riguardano la concentrazione. Ci sono molti approcci diversi per comprendere gli insegnamenti buddisti. Una buona prospettiva introduttiva è data da: Walpola Rahula, What the Buddha Taught. (Londra: Gordon Fraser, 1978). Per una descrizione delle tappe del cammino verso l'illuminazione si veda: Shar Khentrul Jamphel Lodrö, Unveiling Your Sacred Truth.

25. Ci sono molti resoconti della vita straordinaria del 16° Karmapa. Si veda, per esempio: Ken Holmes, Karmapa (Forres: Altea Publishing, 1995). Vorrei menzionare anche il mio maestro radice Kyabje Lobsang Trinley: sono stato personalmente testimone della sua instancabile dedizione a beneficio degli altri e di molti segni miracolosi che si sono manifestati durante la sua vita e la sua morte.

26. Per le linee guida su come trovare e seguire un autentico maestro spirituale si veda ad esempio: Sua Santità il Dalai Lama. Becoming Enlightened (New York: Atria Books, 2009), 31-36. Per una discussione approfondita si veda anche Shar Khentrul Jamphel Lodrö, Unveiling Your Sacred Truth.

27. Dal Digha Nikaya, the Long Discourses of the Buddha (DN 31). In questo sutta il Buddha discute l'etica e le pratiche dei seguaci laici.

28. La psicologia occidentale ha evidenziato che uomini e donne vedono il mondo in modi sottilmente diversi. Gli esempi qui riportati sono basati su: John Gray, Men are from Mars, Women are from Venus: the Classic Guide to Understanding the Opposite Sex (New York: Harper Collins, 2004).

29. Un eccellente riferimento per i genitori, che corrisponde a molte delle idee qui presentate, è: Steve Biddulph, The Complete Secrets of Happy Children (Sydney: Harper Collins, 1998).

30. Nella psicologia moderna un principio chiave per raggiungere la felicità sul lavoro è quello di trasformare il proprio lavoro in una "vocazione". Possiamo identificare ciò che troviamo significativo e quali sono i nostri punti di forza, e poi imparare a percepire il lavoro in un modo che sia significativo per noi, mentre allo stesso tempo ci concentriamo sui nostri punti di forza o buone qualità. Si veda: Martin Seligman, Authentic Happiness, 165-184.

Capitolo 7: Età adulta matura - l'età della saggezza

31. Per una discussione approfondita e una riflessione sulla morte e l'impermanenza da un punto di vista buddista, si veda: Shar Khentrul Jamphel Lodrö, Unveiling Your Sacred Truth.

32. Questa è la storia di Krisha Gotami, come raccontata in: Sogyal Rinpoche, The Tibetan Book of Living and Dying, 28-9.

33. Possiamo cercare una tradizione spirituale o una comunità che ci aiuti a coltivare la nostra "vita interiore" e le nostre buone qualità, ma possiamo anche trovare supporto in certi libri pratici o corsi di psicologia (purché abbiano una solida base di ricerca). Un buon esempio di questo tipo di libro è: Tal Ben-Shahar, Even Happier: A Gratitude Journal for Daily Joy and Lasting Fulfillment (New York: McGraw-Hill, 2010).

34. Si veda: Sharon Begley, Train Your Mind, Change Your Brain, 246-9 (e relativi riferimenti ivi citati). Si veda anche: Norman Doidge, The Brain that Changes Itself. Al giorno d'oggi ci sono una serie di buoni libri pratici e altre risorse che possono aiutarci a migliorare la

nostra memoria. Una di queste risorse è il sito web www.lumosity. com, dove si possono trovare esercizi on-line che mirano a migliorare diverse aree della funzione mentale, supportati da buone ricerche scientifiche. Un'altra risorsa utile, che può aiutare le persone di qualsiasi età, è: Tony Buzan, Use Your Head: Innovative Learning and Thinking Techniques to fulfill your Mental Potential (Harlow: Educational Publishers LLP, 2006).

35. Per una discussione sui benefici dello sviluppo della gratitudine dalla prospettiva della psicologia moderna, si veda: Martin Seligman, Authentic Happiness, 70-5.

Capitolo 8: Tarda età adulta - Prepararsi a lasciare questa vita

36. Per una discussione approfondita della visione buddista del karma e della reincarnazione, compresa una "prova" logica di entrambi questi principi, si veda: Shar Khentrul Jamphel Lodrö, Unveiling Your Sacred Truth.

37. Molte ricerche sono state fatte sui benefici psicologici dell'aiutare gli altri; per esempio, fare del volontariato può aiutare ad abbassare i livelli di depressione e ansia, e aiutare gli altri ad astenersi dall'alcol può aiutare a prevenire le ricadute negli ex alcolisti. Molte di queste ricerche sono presentate in: Stephen Post, Why Good Things Happen to Good People (New York: Broadway, 2007).

38. Per una presentazione approfondita della visione buddista tradizionale della sofferenza, si veda: Shar Khentrul Jamphel Lodrö, Unveiling Your Sacred Truth.

39. Per una discussione approfondita delle fasi che attraversiamo quando ci troviamo di fronte alla diagnosi di una malattia terminale, si veda: Elizabeth Kubler-Ross, On Death and Dying (Londra: Ta-

vistock/Routledge, 1989). La ricerca della Kubler-Ross si basa su un'ampia serie di interviste con pazienti morenti, le cui trascrizioni sono state incluse nel suo libro.

40. Per un resoconto più dettagliato del processo di dissoluzione esteriore e interiore al momento della morte secondo la tradizione buddista tibetana, si veda: Sogyal Rinpoche, The Tibetan Book of Living and Dying, 255-260. Si veda anche: Shar Khentrul Jamphel Lodrö, Unveiling Your Sacred Truth.

41. Uno dei più grandi maestri tibetani dell'ultima generazione, il 16° Karmapa, morì in un ospedale occidentale negli Stati Uniti nel 1981. Alcuni degli straordinari dettagli della sua morte, incluso il resoconto di uno dei suoi medici curanti, sono raccontati in: Reginald Ray, Secret of the Vajra World (Boston: Shambala, 2001), p465-80.

42. Il periodo di transizione, o stato intermedio, tra la morte e la rinascita in un nuovo corpo è decritto in modo molto dettagliato nella tradizione buddista tibetana. Si veda: Sogyal Rinpoche, The Tibetan Book of Living and Dying, p291-302. Per una descrizione più dettagliata si veda: Shar Khentrul Jamphel Lodrö, Unveiling Your Sacred Truth.

43. Un utile libro di riferimento per coloro che desiderano iniziare una pratica di meditazione è: Graham Williams, Life in Balance: the Lifeflow Guide to Meditation (Adelaide: Print Know How 2008). Altri buoni riferimenti includono: Ajahn Brahm, Mindfulness, Bliss and Beyond: A Meditator's Handbook (Somerville: Wisdom 2006) e B. Alan Wallace, The Attention Revolution: Unlocking the Power of the Focused Mind (Boston: Wisdom 2006). Si veda anche: Shar Khentrul Jamphel Lodrö, Unveiling Your Sacred Truth.

44. Dettagli più completi della tradizionale pratica di purificazione di Vajrasattva si possono trovare nel capitolo sedici di: Shar Khentrul Jamphel Lodrö, Unveiling Your Sacred Truth.

45. Ci sono numerosi testi buddisti che parlano della pratica della ter-

ra pura di Amitabha e delle caratteristiche di Sukhavati; alcuni di questi sono effettivamente basati sulle visioni dirette di maestri altamente realizzati. Uno dei libri più preziosi, che consiste in più di cento pagine di testo in tibetano e descrive nel dettaglio questo regno puro, è stato composto dal lama Tsoknyi Gyamtso nel XIX secolo. È mio profondo desiderio tradurre questo testo nel prossimo futuro e renderlo ampiamente disponibile.

46. Per la ricerca sull'esperienza di pre-morte si veda ad esempio: Kenneth Ring, Life at Death: a Scientific Investigation of the Near-death Experience (Boston: Arkana 1985).

47. Elizabeth Kubler-Ross, A Memoir of Living and Dying: The Wheel of Life (Londra: Bantam 1997).

48. Elizabeth Kubler- Ross, The Wheel of Life, p288.

49. In tempi recenti alcuni occidentali sono stati riconosciuti come reincarnazioni: Si veda: Vickie MacKenzie, Reborn in the West: the Reincarnation Masters (Londra: Bloomsbury 1995).

50. Nel corso di molti anni, il dottor Ian Stevenson ha raccolto prove dettagliate di oltre duemila casi di bambini che ricordano vite precedenti. Si veda: Ian Stevenson, Twenty Cases Suggestive of Reincarnation (Charlottesville: Univ. of Virginia Press, 1974); e Jane Henry (ed), Parapsychology Research on Exceptional Experiences (London: Routledge 2005). Sfortunatamente tali ricerche vengono spesso ignorate perché non sono considerate scienza "convenzionale"; tuttavia, credo che ci sarebbe di grande beneficio valutarle con una mente critica ma aperta, come faremmo per la scienza "convenzionale".

Bibliografia di approfondimento

LIBRI PRATICI BASATI SULLA PSICOLOGIA MODERNA

Tal Ben-Shahar. Even Happier: A Gratitude Journal for Daily Joy and Lasting Fulfillment (New York: McGraw-Hill, 2010).

Tal Ben-Shahar. Happier: Learn the Secrets to Daily Joy and Lasting Fulfillment (New York: McGraw-Hill, 2007).

Steve Biddulph. The Complete Secrets of Happy Children (Sydney: Harper Collins,1998).

John Bradshaw. Healing the Shame that Binds You (Deerfield Beach: Health Communications, 1988).

David Burns. Feeling Good: the New Mood Therapy (New York: Avon Books, 1999).

John Gottman & Nan Silver. The Seven Principles for Making Marriage Work (New York: Random House, 2000).

Russ Harris. The Happiness Trap: Stop Struggling, Start Living (Wollombi: Exisle Publishing, 2007).

Craig Hassed. Know Thyself: the Stress Relief Program (Melbourne: Michelle Anderson Publishing, 2006).

Jeanne Segal. The Language of Emotional Intelligence: The Five Essential Tools for Building Powerful and Effective Relationships (New York: McGraw Hill, 2008).

Martin Seligman. Authentic Happiness (Sydney: Random House, 2002).
Timothy Sharp. The Happiness Handbook (Sydney: Finch, 2007).

Informazioni sulla vita spirituale (da una prospettiva buddista)

Bikkhu Bodhi (ed). In the Buddha's Words: An Anthology of Discourses from the Pali Canon (Boston: Wisdom 2005).
Ajahn Chah. A Still Forest Pool: The Insight Meditation of Ajahn Chah. Compiled by Jack Kornfield and Paul Breiter (New York: Quest, 1986).
His Holiness the Dalai Lama. Becoming Enlightened (New York: Atria Books, 2009).
His Holiness the Dalai Lama. How to Practise: The Way to a Meaningful Life (Rider: London, 2002).
Philip Kapleau. The Three Pillars of Zen: Teaching, Practice and Enlightenment (Anchor Books: New York, 2000).
Walpola Rahula, What the Buddha Taught. (Londra: Gordon Fraser, 1978).
Shar Khentrul Rinpoche Jamphel Lodro, A Secret Incarnation: Reflections on the Life of a Tibetan Lama. (Melbourne: TBRI 2014)
Shar Khentrul Rinpoche Jamphel Lodro. Unveiling Your Sacred Truth: A Gradual Discovery of Enlightenment through the Jonang-Shambala Kalachakra Tradition. (Melbourne: TBRI 2014)

L'autore

Khentrul Rinpoche è un Maestro non settario del buddismo tibetano. Ha dedicato la sua vita ad un'ampia varietà di pratiche spirituali, studiando con più di 25 maestri di tutte le principali tradizioni tibetane. Pur avendo un profondo rispetto per tutte le autentiche tradizioni spirituali, per il suo percorso personale ha scelto di concentrarsi sulla tradizione Jonang - Shambala, sistema verso cui nutre la massima fiducia e nel quale ha grande esperienza.

Rinpoche porta una mente acuta e curiosa in tutto ciò che fa. I suoi insegnamenti sono allo stesso tempo accessibili e diretti, evidenziando spesso una sensibilità molto pragmatica. Nel corso degli anni Rinpoche è stato autore di una serie di libri per guidare i suoi studenti. In particolare ha fatto grandi sforzi per tradurre e commentare i testi che presentano le fasi progressive del sentiero del Kalachakra.

Rinpoche crede che il nostro mondo abbia sicuramente il potenziale per manifestare una pace e un'armonia autentiche. È possibile raggiungere questa Età dell'Oro di Shambhala attraverso lo studio e la pratica del sistema del Kalachakra. A questo scopo, Rinpoche ha iniziato a viaggiare per il mondo per condividere la sua conoscenza di questo lignaggio unico, libero da pregiudizi settari.

LA VISIONE DI RINPOCHE

Dzokden è stato fondato con lo scopo esplicito di sostenere Khentrul Rinpoche nel realizzare la sua visione di una maggiore pace e armonia in questo mondo. Mentre la nostra comunità continua a crescere e svilupparsi, sempre più persone vengono coinvolte in questo straordinario progetto.

Per dare un'idea della portata della visione di Rinpoche, esponiamo qui di seguito otto obiettivi che riflettono le priorità a breve e lungo termine di Rinpoche:

Obiettivi immediati

In ultima analisi la felicità genuina e duratura è possibile solo attraverso una profonda trasformazione personale. Ora più che mai abbiamo bisogno di metodi per sviluppare la nostra saggezza e realizzare il nostro più grande potenziale. È per questo motivo che Rinpoche attribuisce una così grande priorità alla conservazione del lignaggio Jonang del Kalachakra. Questi sono i quattro modi in cui Rinpoche si propone di farlo:

1. **Creare opportunità di connessione con un lignaggio autentico e completo del Kalachakra in stretta collaborazione con meditatori nel remoto Tibet.** Il nostro obiettivo è quello di realizzare tutti i supporti che consentano di praticare il Kalachakra secondo quanto trasmesso dagli autentici maestri del lignaggio che hanno preservato questa tradizione per migliaia di anni. Lo facciamo commissionando statue e dipinti, scrivendo libri e portando questi insegnamenti in tutto il mondo. Poniamo particolare enfasi sul garantire l'autenticità del nostro materiale, attingendo alla profonda esperienza di meditatori altamente realizzati che dedicano la propria vita a queste pratiche.

2. **Istituire centri di ritiro internazionali per lo studio e la pratica del Kalachakra.** Al fine di integrare gli insegnamenti nella nostra mente è fondamentale avere l'opportunità di impegnarsi in periodi di pratica intensiva. Stiamo lavorando per creare l'infrastruttura necessaria che consentirà ai membri della nostra comunità di impegnarsi in un ritiro sia a breve che a lungo termine. Ciò include l'acquisto di terreni e la costruzione delle strutture necessarie per condurre ritiri di gruppo e in isolamento. Il nostro obiettivo a lun-

go termine è quello di sviluppare una rete di centri in tutto il mondo, formando così una comunità globale in grado di supportare una vasta gamma di praticanti.

3. **Tradurre e pubblicare i testi unici e rari dei maestri di Kalachakra.** Il sistema del Kalachakra è stato argomento di innumerevoli testi nel corso della lunga storia del Tibet. Finora solo una piccola parte di questi testi è stata tradotta e resa accessibile in Occidente. Sebbene i testi teorici siano importanti, miriamo a concentrarci in particolare sulle istruzioni pratiche che possano guidare i praticanti a un'esperienza più profonda di questi straordinari insegnamenti.

4. **Sviluppare strumenti e programmi per un'esperienza di apprendimento strutturata.** Avendo gruppi di studenti distribuiti in tutto il mondo, riteniamo che sia importante sfruttare al massimo la tecnologia moderna per facilitare il processo di apprendimento. Il nostro obiettivo è quello di sviluppare una solida piattaforma educativa online che consenta alla nostra comunità internazionale di accedere a programmi di studio di qualità intuitivi, strutturati e coinvolgenti.

OBIETTIVI A LUNGO TERMINE

Mentre ciascuno di noi lavora per raggiungere la massima pace e armonia nella propria mente, non dobbiamo perdere di vista il fatto che viviamo nel contesto più ampio di un mondo caratterizzato da un'incredibile diversità. Gli individui danno origine a una varietà di credenze e pratiche che a loro volta modellano il modo in cui ci relazioniamo e interagiamo l'un l'altro. In questa realtà interdipendente è vitale trovare strategie praticabili per promuovere maggiore tolleranza e rispetto. Per questo motivo, Rinpoche propone quattro aree specifiche di azione:

1. **Promuovere lo sviluppo di una filosofia Rimé attraverso il dialogo con altre tradizioni.** Desiderando di far parte in maniera costruttiva di una società pluralistica, dobbiamo imparare i modi per conciliare le nostre differenze. A tal fine, miriamo ad aiutare le persone a sviluppare le qualità positive che promuovono un atteggiamento di rispetto reciproco, apertura a nuove idee e il desiderio di superare la nostra ignoranza.

2. **Sviluppare esempi da seguire altamente realizzati offrendo supporto finanziario a praticanti motivati.** Al fine di garantire l'autenticità delle nostre tradizioni spirituali, è indispensabile che ci siano persone che attualizzino le più alte realizzazioni. Pertanto miriamo a creare un programma di finanziamento di borse di studio che faciliti i praticanti motivati che desiderano dedicare la propria vita allo sviluppo spirituale, indipendentemente dal loro sistema di pratica. Aiutare le persone a realizzare gli insegnamenti fa sì che questi diventino modelli di riferimento positivi per coloro che li circondano, ispirando e guidando le generazioni a venire.

3. **Attuare il grande potenziale delle praticanti femminili sviluppando programmi di formazione specializzati.** La cultura tibetana ha una lunga storia nella coltivazione di maestri altamente realizzati attraverso la formazione intensiva di coloro che sono riconosciuti per avere un grande potenziale. Purtroppo la ricerca del potenziale si è concentrata principalmente sui candidati maschi. Rinpoche ritiene che sia sempre più importante disporre di figure di riferimento femminili altamente realizzate che possano contribuire a portare un maggiore equilibrio nel nostro mondo. Per questo motivo stiamo lavorando per sviluppare un programma di formazione specifico per offrire alle donne l'opportunità di realizzare il loro potenziale spirituale. Il nostro obiettivo è progettare un percorso di studio specializzato e l'infrastruttura finanziaria per supportare pienamente tutti gli aspetti della loro istruzione.

4. **Promuovere una maggiore flessibilità mentale e una più ampia comprensione della realtà attraverso i moderni programmi educativi.** In un mondo in rapida evoluzione, dobbiamo rivedere il tipo di competenze che stiamo insegnando ai nostri figli. Le rigide strutture del passato spesso non sono adeguate per preparare gli studenti alle sfide che dovranno affrontare durante la loro vita. Miriamo a sviluppare una varietà di programmi educativi che possano aiutare i bambini a diventare più flessibili e capaci di adattarsi al contesto che li circonda. Una parte importante di questi programmi è quella di sviluppare una maggiore consapevolezza del ruolo che la nostra mente gioca nelle nostre esperienze quotidiane. Miriamo anche a riformare il sistema educativo monastico per accrescere la sua rilevanza nel mondo moderno.

COME POTETE OFFRIRE IL VOSTRO SOSTEGNO?

Quanto detto non sarà possibile senza il vostro sostegno e la vostra partecipazione. Per una visione di questa portata serve una grande quantità di meriti e di generosità da parte di molti benefattori nell'arco di molti anni. Se desideri offrire il tuo sostegno non esitate a contattarci.

Dzokden
3436 Divisadero Street
San Francisco, California 94123
USA
office@dzokden.org
dzokden.org